Zahlenzauber 4

Mathematikbuch
für die Grundschule

Ausgabe Bayern

Erarbeitet von
Bettina Betz (Dachau)
Angela Bezold (Würzburg)
Ruth Dolenc-Petz (Augsburg)
Carina Flamm (Grafenberg)
Hedwig Gasteiger (Osnabrück)
Petra Ihn-Huber (Augsburg)
Christine Kullen (Frickenhausen)
Elisabeth Plankl (Dietfurt)
Beatrix Pütz (Jesenwang)
Carola Schraml (Estenfeld)
Karl-Wilhelm Schweden (Büderich)

Illustriert von
Mathias Hütter
Renate Möller

Inhaltsverzeichnis

	Titel	Seite	Inhaltsbezogene Kompetenzen
1. Lernabschnitt	Rundreise durch Europa	4/5	**Zahlen und Operationen** Sachsituationen und Mathematik in Beziehung setzen
1. Lernabschnitt	Tausender, Hunderter, Zehner, Einer 1 000 und über 1 000 hinaus	6/7 8/9	**Zahlen und Operationen** Zahlen strukturiert darstellen und Zahlbeziehungen formulieren
1. Lernabschnitt	Bedeutende Erfindungen und Ereignisse der letzten 800 Jahre	10/11	**Zahlen und Operationen** Sachsituationen und Mathematik in Beziehung setzen
1. Lernabschnitt	Addieren und subtrahieren bis 1 000 Schriftlich addieren und subtrahieren	12/13 14/15	**Zahlen und Operationen** im Zahlenraum bis 2 000 rechnen und Strukturen nutzen
1. Lernabschnitt	Schaubilder lesen	16/17	**Daten und Zufall** Daten erfassen und strukturiert darstellen
1. Lernabschnitt	Ein Aquarium einrichten	18/19	**Zahlen und Operationen** Sachsituationen und Mathematik in Beziehung setzen
1. Lernabschnitt	Multiplizieren und dividieren mit kleinen und großen Zahlen	20/21	**Zahlen und Operationen** im Zahlenraum bis 2 000 rechnen und Strukturen nutzen
1. Lernabschnitt	Kombinieren und darstellen **Schwerpunkt Kompetenz Probleme lösen**	22/23	**Zahlen und Operationen** Sachsituationen und Mathematik in Beziehung setzen
1. Lernabschnitt	Grundwissen ①	24/25	**Grundwissen**
2. Lernabschnitt	Halbschriftlich multiplizieren Halbschriftlich dividieren	26/27 28/29	**Zahlen und Operationen** im Zahlenraum bis 2 000 rechnen und Strukturen nutzen
2. Lernabschnitt	6 Schritte zur Lösung Knifflige Aufgaben mit Tabellen und Skizzen leicht gelöst **Schwerpunkt Kompetenz Darstellungen verwenden**	30/31 32/33	**Zahlen und Operationen** Sachsituationen und Mathematik in Beziehung setzen
2. Lernabschnitt	Vom Einer zum Hunderttausender Legen, spielen, rechnen bis 100 000 Zahlenseil und Zahlenstrahl bis 100 000	34/35 36/37 38/39	**Zahlen und Operationen** Zahlen strukturiert darstellen und Zahlbeziehungen formulieren
2. Lernabschnitt	Kopfrechnen bis 100 000: addieren und subtrahieren Kopfrechnen bis 100 000: multiplizieren und dividieren	40/41 42/43	**Zahlen und Operationen** im Zahlenraum bis 100 000 rechnen und Strukturen nutzen
2. Lernabschnitt	Was ist im Säckchen? **Schwerpunkt Kompetenz Argumentieren**	44/45	**Daten und Zufall** Zufallsexperimente und Wahrscheinlichkeiten
2. Lernabschnitt	Grundwissen ②	46/47	**Grundwissen**
3. Lernabschnitt	Geo-Burgen Der Quader Quadernetze **Schwerpunkt Kompetenz Kommunizieren**	48/49 50/51 52/53	**Raum und Form** sich im Raum orientieren/ geometrische Figuren benennen und darstellen
3. Lernabschnitt	In Schritten zur Million Legen, spielen, rechnen bis zur Million Zahlenseil und Zahlenstrahl bis zu Million	54/55 56/57 58/59	**Zahlen und Operationen** Zahlen strukturiert darstellen und Zahlbeziehungen formulieren
3. Lernabschnitt	Kopfrechnen bis 1 000 000: addieren und subtrahieren Kopfrechnen bis 1 000 000: multiplizieren und dividieren	60/61 62/63	**Zahlen und Operationen** im Zahlenraum bis zur Million rechnen und Strukturen nutzen

	Titel	Seite	Inhaltsbezogene Kompetenzen
	Milliliter und Liter Flüssigkeiten schätzen und messen Wasser ist kostbar	64/65 66/67 68/69	**Größen und Messen** Messhandlungen durchführen/Größen strukturieren und Größenvorstellungen nutzen
	Grundwissen ③	70/71	**Grundwissen**
4. Lernabschnitt	Schriftlich multiplizieren Der Null auf der Spur/Multiplikation mit Köpfchen Schriftlich multiplizieren mit großen Zahlen Entdeckungen beim Multiplizieren	72/73 74/75 76/77 78/79	**Zahlen und Operationen** im Zahlenraum bis zur Million rechnen und Strukturen nutzen
4. Lernabschnitt	Beim Einkaufen – Rechnen mit Kommazahlen/ Günstige Angebote?	80/81	**Größen und Messen** mit Größen in Sachsituationen umgehen
4. Lernabschnitt	Kunst mit Zirkel und Geodreieck	82/83	**Raum und Form** geometrische Figuren benennen und darstellen
4. Lernabschnitt	Tierisch schwer	84/85	**Größen und Messen** mit Größen in Sachsituationen umgehen
4. Lernabschnitt	Familie Müller und die Sache mit den Sachaufgaben	86/87	**Zahlen und Operationen** Sachsituationen und Mathematik in Beziehung setzen
4. Lernabschnitt	Schriftlich dividieren Schriftlich dividieren – Vorsicht Nullen!/ Fehlern auf der Spur Dividieren – schriftlich und auch im Kopf Dividieren mit Forscherblick	88/89 90/91 92/93 94/95	**Zahlen und Operationen** im Zahlenraum bis zur Million rechnen und Strukturen nutzen
4. Lernabschnitt	Grundwissen ④	96/97	**Grundwissen**
5. Lernabschnitt	Ganz genau und ungefähr/Schülerzahlen im Vergleich	98/99	**Daten und Zufall** Daten erfassen und strukturiert darstellen
5. Lernabschnitt	Fermi-Aufgaben **Schwerpunkt Kompetenz Modellieren**	100/101	**Zahlen und Operationen** Sachsituationen und Mathematik in Beziehung setzen
5. Lernabschnitt	Geschwindigkeit und Verkehr	102/103	**Größen und Messen** mit Größen in Sachsituationen umgehen
5. Lernabschnitt	Denken, rechnen, knobeln	104/105	**Zahlen und Operationen** im Zahlenraum bis zur Million rechnen und Strukturen nutzen
5. Lernabschnitt	Sichtbare und unsichtbare Würfel	106/107	**Raum und Form** Rauminhalte bestimmen und vergleichen
5. Lernabschnitt	Ungefähr – aber so genau wie möglich	108/109	**Zahlen und Operationen** im Zahlenraum bis zur Million rechnen und Strukturen nutzen
5. Lernabschnitt	Plan und Wirklichkeit Orientierung auf dem Plan/Schätze finden Bandornamente	110/111 112/113 114/115	**Raum und Form** sich im Raum orientieren/ geometrische Muster untersuchen und erstellen
5. Lernabschnitt	Von der Zeit in der Welt – Zeitzonen Sommerzeit – Ferienzeit	116/117 118/119	**Größen und Messen** mit Größen in Sachsituationen umgehen
5. Lernabschnitt	4 Jahre in der Grundschule und wie ich diese Zeit verbracht habe	120/121	**Daten und Zufall** Daten erfassen und strukturiert [illegible]

Rundreise …

Dänemark 
Der Freizeitpark „Tivoli“ in Kopenhagen hat jedes Jahr vom 1. Mai bis zum 15. September geöffnet.
Wie viele Tage sind das?

England

In London besichtigen zwei Erwachsene und ein Kind den Tower. Der Eintritt für Erwachsene beträgt umgerechnet 23 € und für Kinder 12 €.
Wie viel müssen sie bezahlen?

Irland
Einen herrlichen Blick auf Dublin hat man vom roten Leuchtturm von Poolberg aus. Zu ihm führt eine 3 km lange Mole. Wie lange braucht man zum Leuchtturm, wenn man in einer Stunde ungefähr 6 km wandert?

Niederlande
In Amsterdam macht eine Jugendgruppe eine Grachtenrundfahrt. Ein Gruppenticket für 10 Personen kostet 100 €. Eine Einzelkarte kostet 12 €. Die Gruppe bezahlt 124 €.
Aus wie vielen Personen besteht die Gruppe?

Belgien
In einer Pralinenfabrik in Brüssel werden kleine Pralinenschachteln in Kartons verpackt. In einen Karton passen 30 Schachteln. Der Gesamtpreis beträgt 180 €.
Wie viel kostet eine kleine Schachtel?

Frankreich
Den Eiffelturm in Paris, der 1889 fertiggebaut wurde, besuchen täglich ungefähr 5 000 Menschen.
Wie viele Menschen sind das in einer Woche?

Spanien
Der Fußballclub Real Madrid feierte am 6. März 2002 seinen 100. Geburtstag.
In welchem Jahr wurde der Club gegründet?

Würfelspiel für 2 bis 4 Mitspieler

- Wo beginnt ihr eure Reise? Stellt die Spielsteine dorthin.
- Würfelt und rückt vor.
- Landest du in einer Hauptstadt (rotes Feld), musst du die passende Aufgabe lösen.
- Stimmt das Ergebnis, darfst du 3 Felder vorrücken.
- Triffst du auf ein Feld mit einem Flugzeug, darfst du zur nächsten Hauptstadt vorrücken.
- Sieger ist, wer als Erster wieder am Ausgangspunkt ist.

Schweden
Victoria heißt die Kronprinzessin von Schweden. Sie wird einmal Königin von Schweden.
Sie wurde 1977 in Stockholm geboren.
Wie viele Jahre ist das her?

Finnland
Helsinki wurde 1812 Hauptstadt von Finnland.
Wie viele Jahre sind seitdem vergangen?

Deutschland
Berlin war von 1961 bis 1989 durch eine Mauer in zwei Abschnitte geteilt.
Wie viele Jahre waren das?

Österreich
Wien liegt an der Donau, die ca. 2 900 km lang ist. Europas längster Fluss, die Wolga, ist ca. 600 km länger.
Wie lang ist die Wolga?

Italien
Eine Eisdiele in Rom verarbeitet täglich 300 l Milch zu Eis. Aus jedem Liter entstehen 30 Eiskugeln.
Wie viele Eiskugeln sind das täglich?

Kroatien
In der Nähe von Zagreb befinden sich die Plitvicer Seen. Dort wurde der Film „Schatz im Silbersee" gedreht. 1962 lief der Film im Kino.
Wie lange ist das her?

Griechenland

Der Tausenderwürfel

Wie viele Hunderterplatten sind es?
Wie viele Zehnerstangen sind es?
Wie viele Einerwürfel sind es?

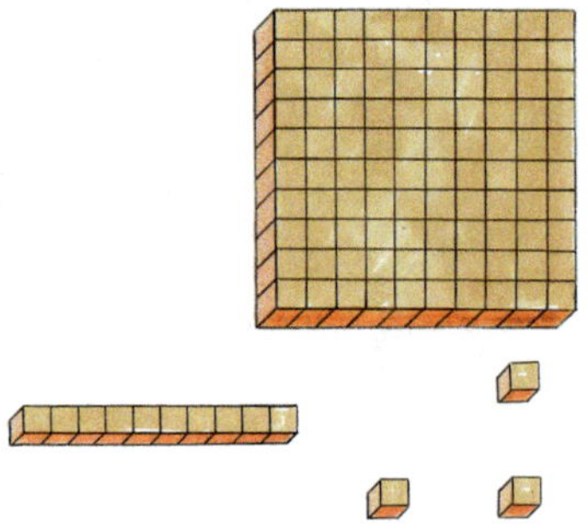

① Trage die Zahlen in die Stellenwerttafel ein und zeichne sie.

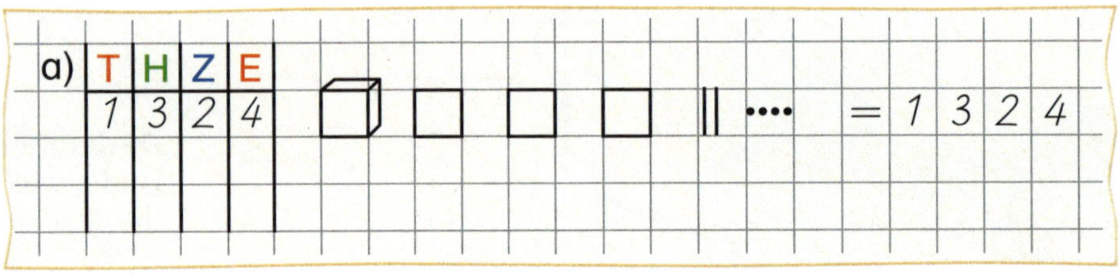

a)

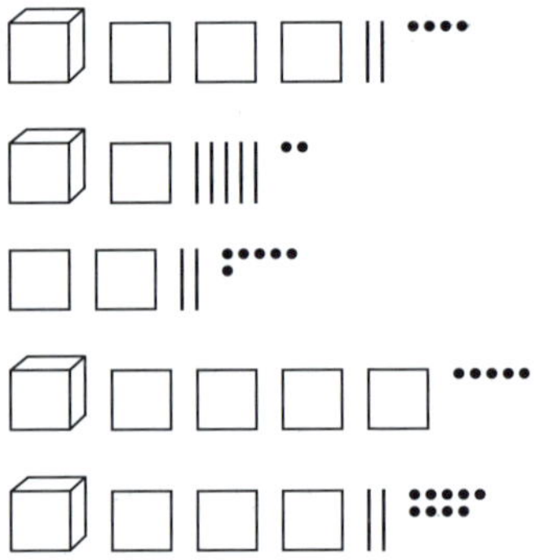

b)
1 T 3 H 8 Z 5 E
1 T 4 H 7 E
2 T 3 H 8 Z 5 E
4 H 7 Z
1 T 5 H

c)
1324
436
1217
1123
2315

d)
1016
1302
1001
1400
1020

Tausenderrätsel
Wählt Rätsel aus.
Schätzt zuerst. Rechnet dann.
Erklärt, wie ihr vorgegangen seid.

Ein Turm mit 10 Ein-Cent-Stücken ist … cm hoch. Also ist ein Turm mit 1000 Cent-Stücken … cm hoch.

1 000 Gummibärchen:
Wie viele Tüten sind das?

1 000 Tage Ferien:
Wie viele Jahre und Wochen sind das?

Wie hoch ist ein Turm mit **1 000 Cent-Stücken**?

Schreibe den Rechenweg zu einem Rätsel in dein 📖.

AH S.4

(2) Plusrechnen mit Einern, Zehnern und Hundertern

a) 314 + 2
314 + 20
314 + 200

b) 461 + 3
461 + 30
461 + 300

c) 532 + 4
532 + 40
532 + 400

d) 124 + 6
124 + 60
124 + 600

e) 324 + 5
324 + 50
324 + 500

f) 212 + 7
212 + 70
212 + 700

(3) Minusrechnen mit Einern, Zehnern und Hundertern

a) 453 – 2
453 – 20
453 – 200

b) 367 – 3
367 – 30
367 – 300

c) 589 – 5
589 – 50
589 – 500

d) 974 – 4
974 – 40
974 – 400

e) 869 – 6
869 – 60
869 – 600

f) 789 – 7
789 – 70
789 – 700

(4) Welche Stellen verändern sich jeweils? Rechne.

a) 321 + 30
321 + 7
321 + 200
321 + 237

b) 231 + 600
231 + 40
231 + 7
231 + 647

c) 748 – 200
748 – 6
748 – 30
748 – 236

d) 956 – 2
956 – 800
956 – 40
956 – 842

1 000 Rechenkästchen:
Wie viele Seiten sind das?

1 000 Wörter:
Wie viele Buchseiten sind das?

1 000 Liter Mi

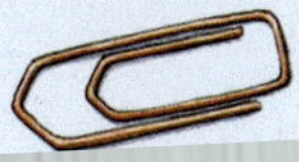

Schreibe selbst Tausenderrätsel. Dein Partner löst sie.

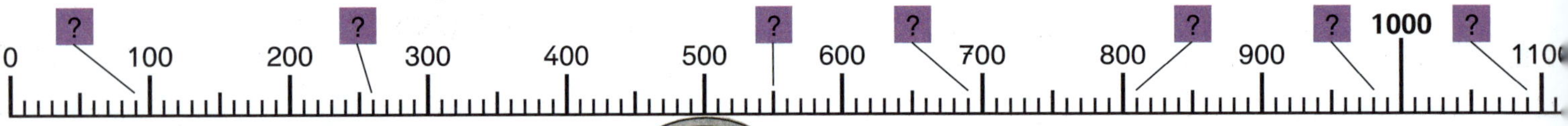

1 Vergleiche die Zahlen von 0 bis 1 000 mit den Zahlen von 1 000 bis 2 000. Was fällt dir auf?

2 Wie heißen die Zahlen auf den ? -Kärtchen?

3 Zahl gesucht: Nenne eine Zahl. Dein Partner zeigt sie am Zahlenstrahl.

4 Simsala und Bim nehmen den Zahlenstrahl unter die Lupe.
Schreibe alle Zahlen auf, die zu den Strichen gehören.

a)
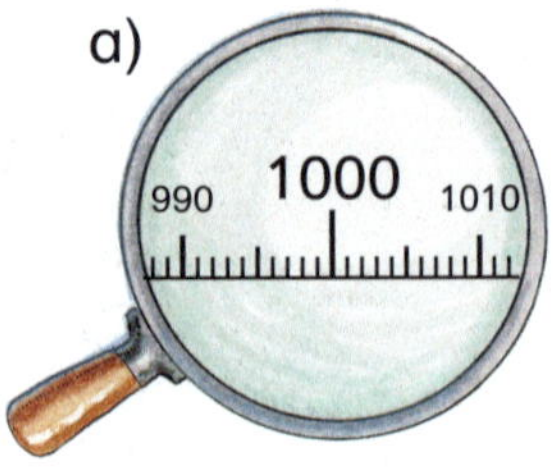

b)
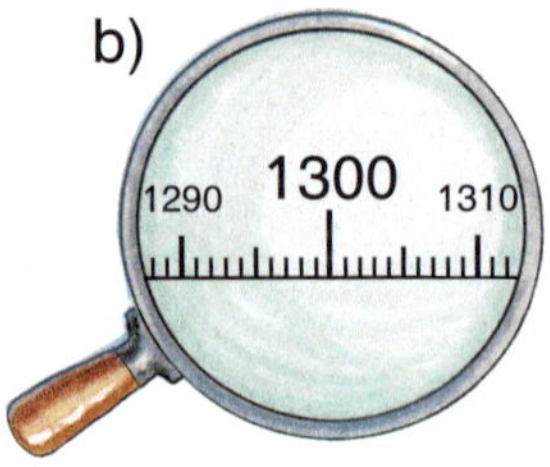

c)
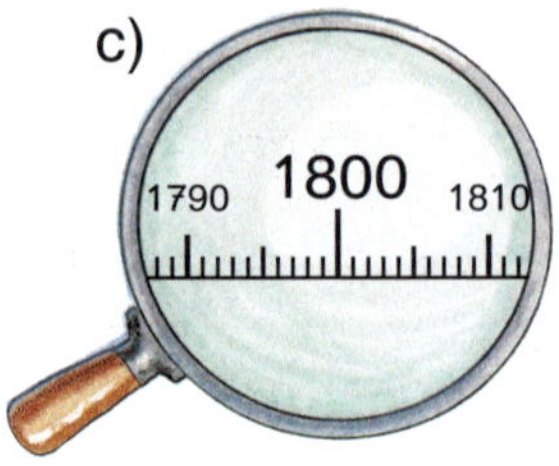

d)

5

173	188	246	269	776	823	?
1 173	1 188	1 246	1 269	1 776	1 823	

a) Schreibe die Zahlen mit ihren Nachbarn auf.

172, 173, 174
1172, 1173, 1174

b) Zwischen welchen Zehnern liegen die Zahlen? Unterstreiche jeweils den Zehner, der näher liegt.

170, 173, 180
1170, 1173, 1180

c) Zwischen welchen Hundertern liegen die Zahlen? Unterstreiche jeweils den Hunderter, der näher liegt.

100, 173, 200
1100, 1173, 1200

6) Vorwärts und rückwärts zählen: Schreibe auf.

a) 395, 396, …, 402
1 497, 1 498, …, 1 504
1 917, 1 918, …, 1 924

b) 605, 604, …, 598
1 703, 1 702, …, 1 696
1 934, 1 933, …, 1 927

7) Setze die Zahlenfolgen fort.

a) 872, 874, 876, …, …, …, 884
b) 1 273, 1 275, 1 277, …, …, …, 1 285
c) 1 005, 1 010, 1 015, …, …, …, 1 035
d) 797, 795, 793, …, …, …, 785
e) 1 735, 1 733, 1 731, …, …, …, 1 723
f) 1 685, 1 680, 1 675, …, …, …, 1 655

8) Besonders schwere Zahlenfolgen

a) 700, 703, 707, 712, …, …, …, 742
b) 987, 985, 982, 978, …, …, …, 952
c) 1 400, 1 405, 1 404, 1 409, …, …, …, 1 417

9) Zahlenrätsel

a) Meine Zahl besteht aus den Ziffern 1, 2, 3 und 4. Sie ist größer als 1300 und kleiner als 1 400. Wie könnte sie heißen?

b) Meine Zahl ist die kleinste

c) Meine Zahl ist eine vierstellige Schnapszahl. Sie liegt zwischen 1 000 und 2 000. Wie heißt sie?

d) Meine Zahl liegt genau zwischen 1 400 und 1500.

e) Meine Zahl liegt genau zwischen 1 500 und 1 800.

f) Meine Zahl liegt zwischen 1600 und 1 700. Sie hat 3 gleiche

g) Erfinde ein Zahlenrätsel

Bedeutende Erfindungen und Ereignisse …

1700 1800 1810

1600

1500

1400

1300 1200

Fernrohr 1608

Mikroskop 1590

Thermometer 1592
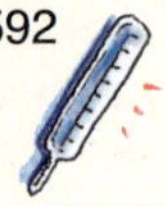

Wasserklosett 1575

Taucherglocke 1538

Bleistift 1500

Kolumbus entdeckt Amerika 1492.

Erfindung des Buchdrucks 1450

Dampfmaschine 1712

Schraubendreher 1779
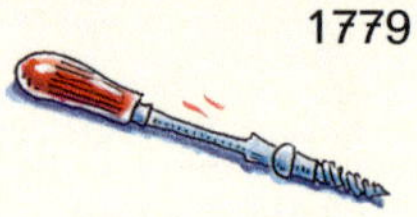

Batterie 1800

Heißluftballon 1783

① Stellt euch gegenseitig Fragen und beantwortet sie.

② Wie viele Jahre sind seit diesen Erfindungen vergangen?

Erfindung	Jahr	Vergangene Zeit bis heute
Dampfmaschine	1712	
Taucherglocke		
Batterie		
Eisenbahn		
Telefon		
…		

③ Wie viel Zeit ist zwischen diesen Erfindungen oder Ereignissen vergangen?

a) Brille – Mikroskop
b) Radio – Fernseher
c) Fahrrad – Auto
d) Telefon – Handy
e) Fernrohr – erste Mondlandung
f) Luftschiff – erster Space-Shuttle-Start
g) …

④ In welchem Jahr wurden oder werden diese Erfindungen 100 Jahre, 150 Jahre, … alt?

Erfindung	100 J.	150 J.	…
Fernseher			
Heißluftballon			
Auto			
…			

Gitarre 1256

Brille 1280

Heckruder zum Lenken der Schiffe 1250

AH S. 7

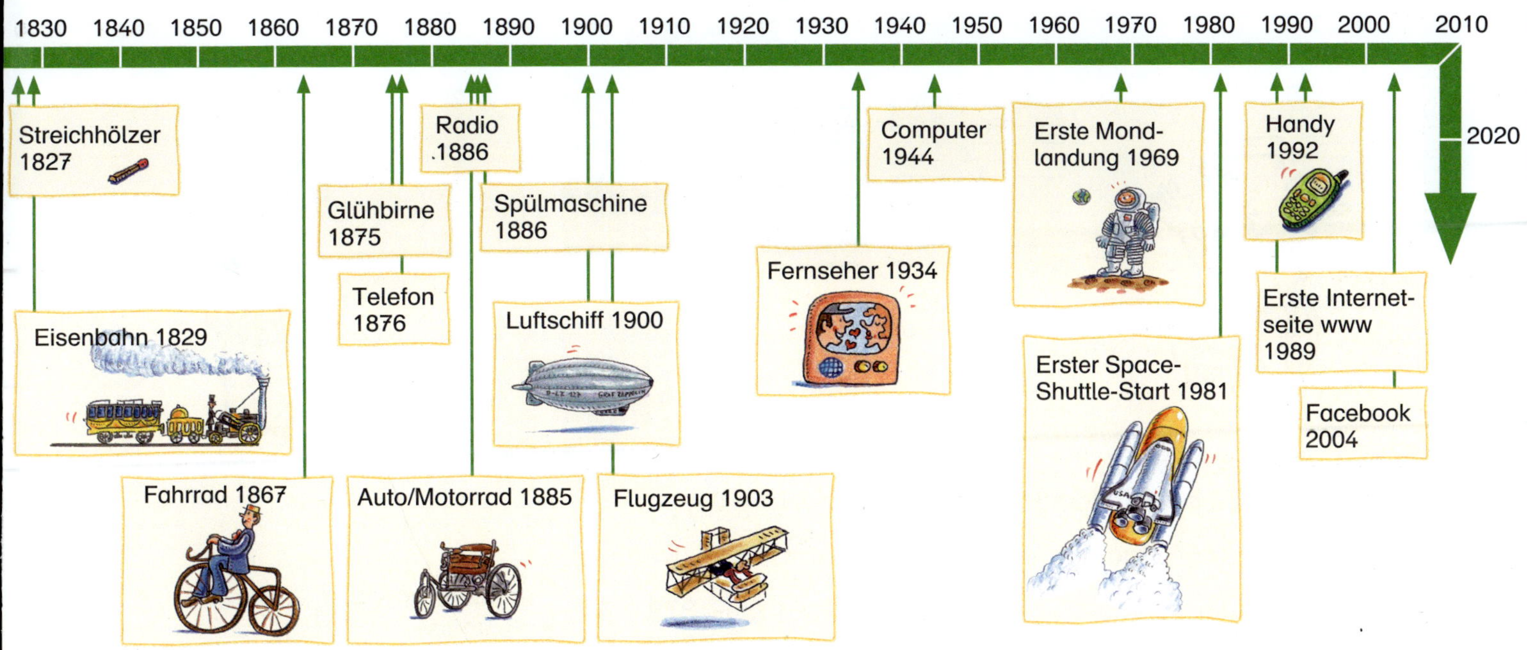

5 Bekannte Namen – bedeutende Erfindungen

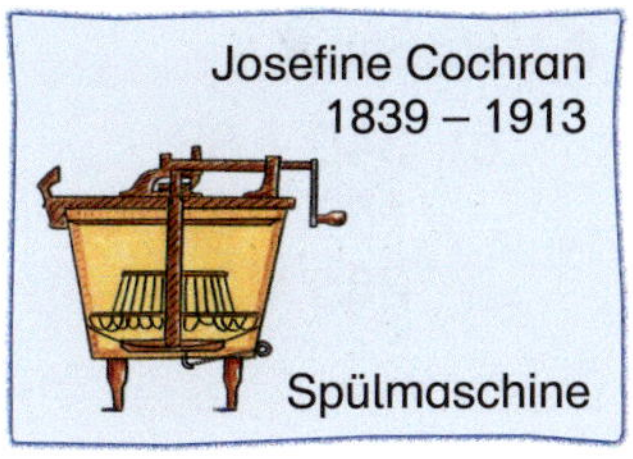

a) Wie alt waren diese Menschen, als sie ihre Erfindungen machten?
b) Wie alt wurden sie?

6 Zeitreisen

a) Du befindest dich 105 Jahre vor der Erfindung des Fernsehers.
Welches Jahr ist das und welche Erfindung wird gerade gemacht?

b) Du befindest dich 245 Jahre vor der Erfindung des Bleistifts.
Du schreibst mit Tinte und Feder die Jahreszahl auf.
Wie heißt die Jahreszahl? Kannst du gerade eine Brille aufhaben?

c) Du befindest dich 324 Jahre nach der Erfindung des Buchdrucks.
Kannst du ein Thermometer mit einer Schraube an der Wand befestigen?

★ 7 a) Ungefähr 300 Jahre vor der Erfindung der Eisenbahn wurden die ersten Kutschen gebaut. Wann war das? Gab es zu dieser Zeit bereits Schiffe?

b) Der berühmte Komponist W.A. Mozart wurde 1756 in Salzburg geboren.
Wie alt war er, als der erste Heißluftballon in den Himmel stieg?
Mozart ist nur 35 Jahre alt geworden.
Konnte er mit der Eisenbahn von Salzburg nach München fahren?

c) A. Graham Bell hat das Telefon im Alter von 29 Jahren erfunden.
Wie alt hätte er werden müssen, um mit einem

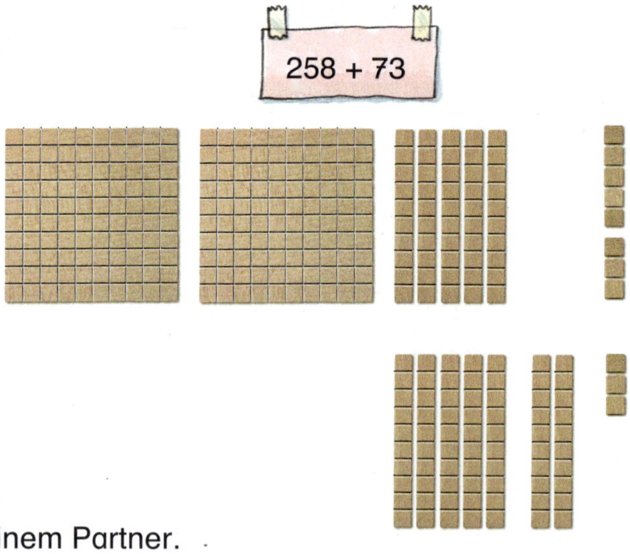

1 a) Wie rechnest du?
Vergleiche mit deinem Partner.

b) Lege die Aufgaben mit Material oder im Kopf. Rechne.

227 + 54	145 + 68	379 + 42	485 + 38
137 + 45	276 + 56	246 + 37	134 + 69

182, 203, 213, 281, 283, 332, 421, 523

2 Rechne.

a)	b)	c)	d)
340 + 68	189 + 45	457 + 56	749 + 63
167 + 52	276 + 83	864 + 99	153 + 94
285 + 26	526 + 57	168 + 48	327 + 66

216, 219, 234, 247, 311, 359, 393, 408, 513, 583, 812, 963

3 Plusaufgaben so verändern, dass sie leichter zu rechnen sind.

a) Erkläre, wie die Kinder verändert haben. Begründe.
b) Vervollständige die Regel von Eulalia.
c) Rechne.

			★
623 + 198	263 + 495	591 + 612	1 213 + 692
408 + 487	607 + 285	827 + 599	1 495 + 267
277 + 505	332 + 499	407 + 686	1 366 + 505

758, 782, 821, 831, 892, 895, 1 093, 1 203, 1 426, 1 762, 1 871, 1 905

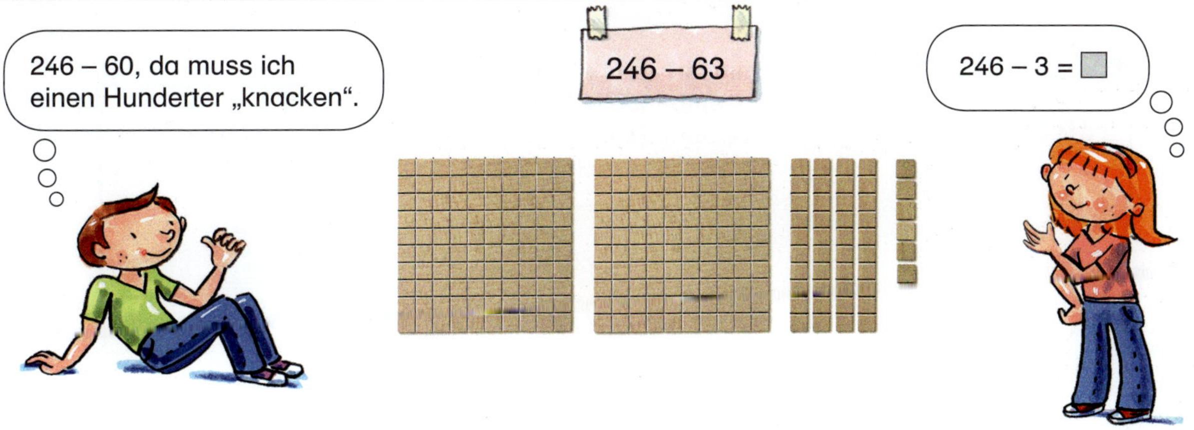

④ a) Wie rechnest du? Vergleiche mit deinem Partner.

b) Lege die Aufgaben mit Material oder im Kopf. Rechne.

254 – 27	145 – 68	372 – 146	438 – 185
137 – 40	276 – 39	636 – 377	728 – 573

77, 97, 155, 226, 227, 237, 253, 259

⑤ Rechne.

a)	b)	c)	d)
340 – 68	639 – 350	457 – 409	749 – 653
167 – 59	762 – 470	864 – 606	153 – 94
258 – 72	536 – 280	523 – 205	327 – 174

48, 59, 96, 108, 153, 186, 256, 258, 272, 289, 292, 318

⑥ Rechenkonferenz

a) Erklärt die Rechenwege der Kinder.

b) Welchen Rechenweg hättest du gewählt? Rechne.

c) Rechne auf deinem Weg.

405 – 292	623 – 397	486 – 193	1 317 – 196
813 – 698	508 – 499	615 – 494	1 892 – 397
705 – 397	902 – 895	703 – 697	[illegible]

Schriftlich addieren und subtrahieren

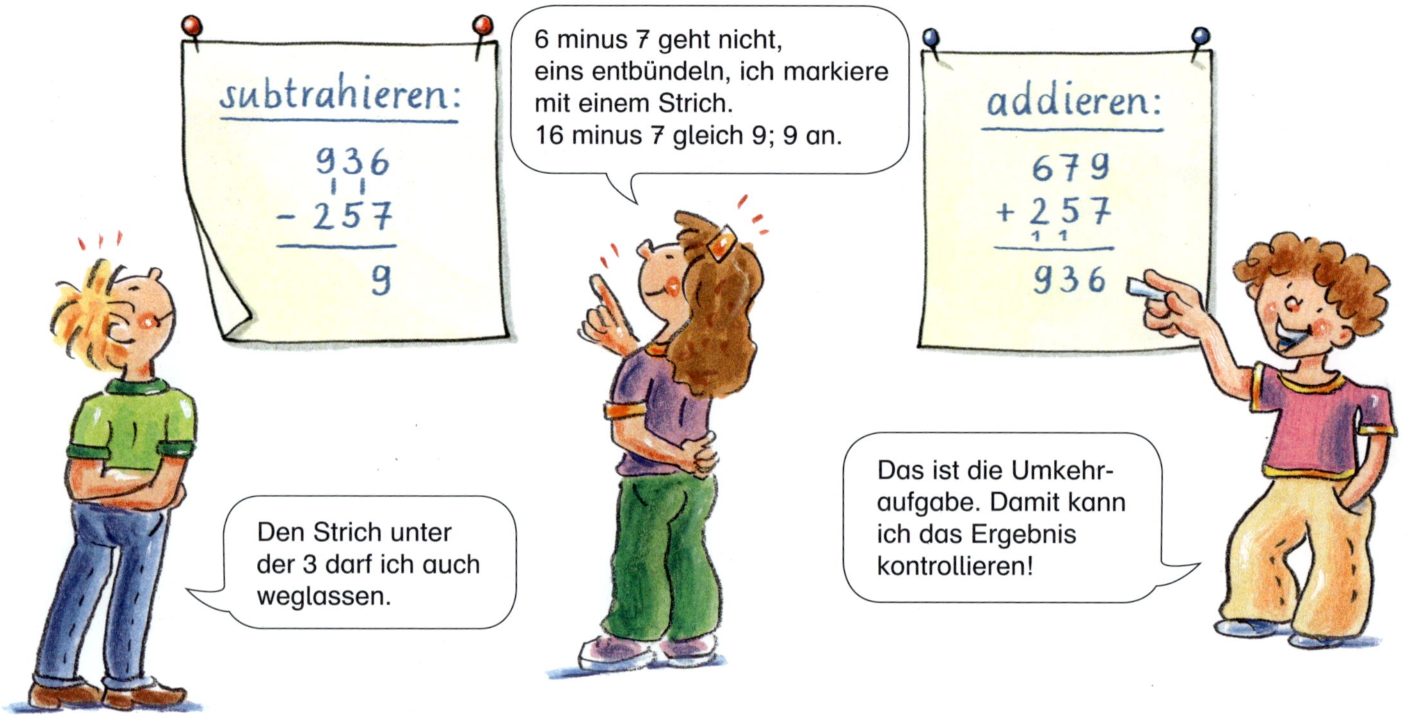

(1) Schau dir die Aufgaben an. Erkläre.

(2) Rechne jeweils Aufgabe und Umkehraufgabe.

a)

971	1 762	1 253	627	1 543
– 635	– 138	– 687	– 173	– 86
☐	☐	☐	☐	☐

b)

456	591	1 179	678	283
+ 287	+ 346	+ 355	+ 575	+ 1378
☐	☐	☐	☐	☐

(3) Schriftlich oder im Kopf?

a) 732 – 623
546 – 289
907 – 178
618 – 603

b) 1 005 + 395
1 649 + 176
613 + 194
276 + 824

c) 987 + 526
1 304 – 679
1 565 + 346
1 126 – 584

15, 109, 257, 542, 625, 729, 807, 1 100, 1 400, 1 513, 1 825, 1 911

(4) Aufgaben würfeln

Wählt eine Gewinnregel. Würfelt. Entscheidet nach jedem Wurf, an welcher Stelle euer Würfelergebnis stehen soll. Addiert oder subtrahiert dann die beiden Zahlen.

Addieren: Das größte Ergebnis gewinnt.

Addieren: Das kleinste Ergebnis gewinnt.

Ergebnis nahe an 1000

Subtrahieren: Das größte Ergebnis gewinnt.

Subtrahieren: Das kleinste Ergebnis gewinnt.

5 Mehrere Zahlen addieren

8 + 7 + 9 = 24,
4 an,
2 Z gemerkt.

a)

328	132	657	843	246	635
147	98	38	209	176	512
+ 269	+ 304	+ 166	59	427	29
			+ 867	+ 45	+ 376

b) Schreibe untereinander und addiere.

475 + 23 + 381 583 + 847 + 67 + 231
821 + 472 + 31 + 38 459 + 36 + 289 + 21

534, 744, 805, 861, 879, 894, 1 362, 1 552, 1 728, 1 978

6 Rechenkonferenz: Mehrere Zahlen subtrahieren

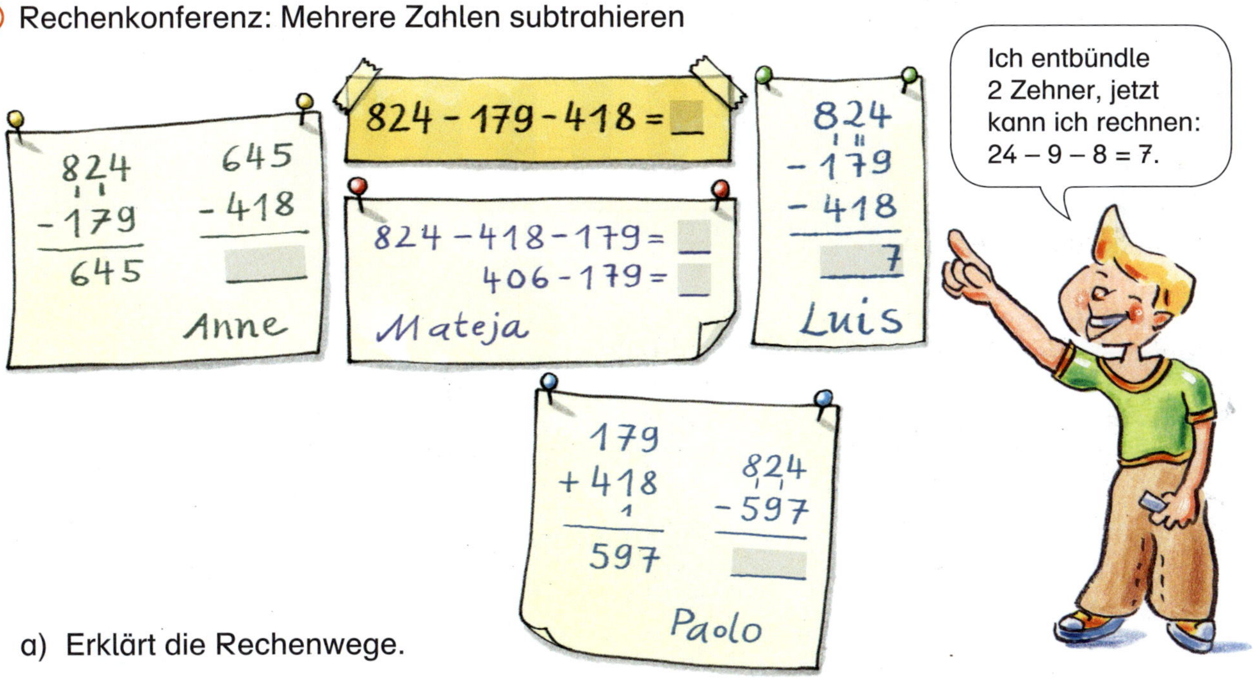

a) Erklärt die Rechenwege.

b) Wie rechnest du? Vergleiche mit deinem Partner.

c) Rechne auf deinem Weg.

715 – 408 – 93	991 – 276 – 83	1 466 – 118 – 93
903 – 678 – 115	376 – 64 – 153	1 725 – 453 – 18
827 – 186 – 577	817 – 542 – 135	1 574 – 237 – 226

64, 110, 140, 159, 214, 632, 1 111, 1 254, 1 255

7 Schöne Ergebnisse

a)

6 127	3 379	24 691	345 678
+ 539	+ 1 065	+ 98 765	+ 641 976

Erfinde selbst Plusaufgaben mit schönen Ergebnissen.

b) 6 153 6 214

Radunfälle von Kindern (6 – 14 Jahre)
im Jahr 2012 in Deutschland

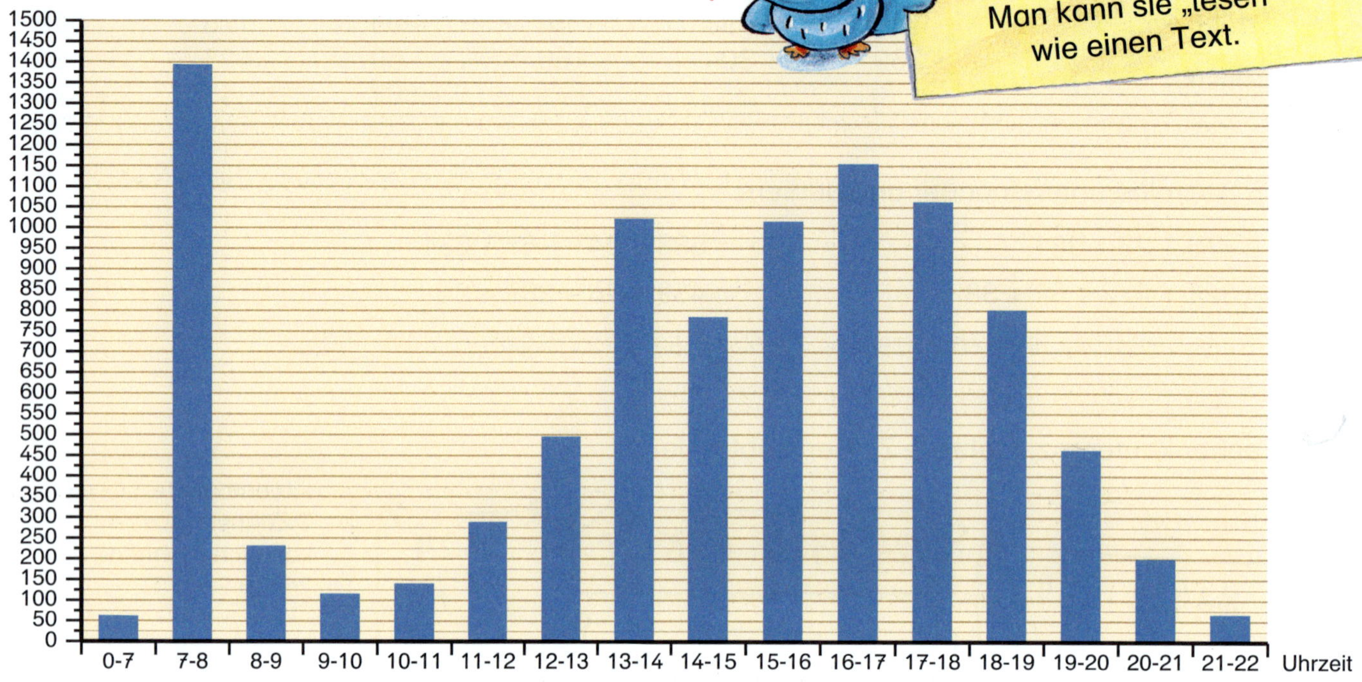

Tipp:
Schaubilder informieren auf einen Blick.
Man kann sie „lesen" wie einen Text.

Solche Schaubilder nennt man „Säulendiagramme".
Die Anzahl der Unfälle wird jeweils als Säule dargestellt.

1 a) Welche Informationen kannst du dem Schaubild entnehmen? Beginne so:

Die wenigsten …

Fast genauso viele …

Doppelt so viele …

Die meisten …

Mehr als …

Schreibe drei interessante Informationen auf.

b) Von 0 Uhr bis 7 Uhr gab es etwa 60 Unfälle. Wie viele Unfälle passierten von 7 bis 8 Uhr, wie viele von 8 bis 9 Uhr, …?
Was fällt dir auf? Welche Gründe fallen dir dazu ein?

c) Stellt euch gegenseitig Fragen zum Schaubild oben und beantwortet sie.

2 So kommen die Kinder in Paolos Schule zum Unterricht:

Schulweg	Anzahl der Kinder
zu Fuß	41
mit dem Rad	32
mit dem Bus	75
mit dem Auto	15

Tipp:
Beim Zeichnen des Schaubildes musst du zuerst die größte Zahl ansehen. Weißt du, warum?

a) Stelle die Angaben aus der Tabelle in einem Säulendiagramm dar. 1 mm entspricht einem Kind.

b) Erstelle ein Schaubild für deine Klasse / für deine Schule.

(3) In einer Umfrage im Jahr 2014 wurden Kinder zwischen 6 und 13 Jahren zur Mediennutzung befragt.
Das Schaubild zeigt, wie viele von 100 Kindern diese Medien nutzen.

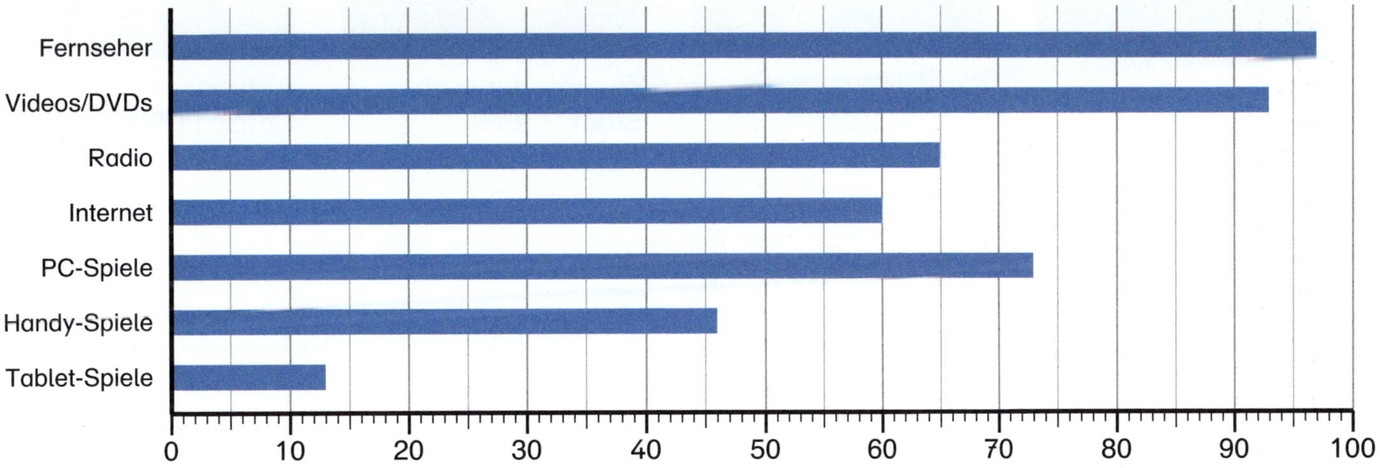

a) Lies die Zahlen möglichst genau ab.

b) Betrachte das Schaubild. Stimmen diese Aussagen?

- Mehr Kinder nutzen den Fernseher als das Internet.
- Handy-Spiele werden am wenigsten genannt.
- Mehr als die Hälfte der Kinder hört Radio.
- Die Kinder spielen doppelt so häufig am PC wie am Tablet.

(4) Ältere und jüngere Kinder nutzen den Computer unterschiedlich oft.

Alter	6-7 Jahre	8-9 Jahre	10-11 Jahre	12-13 Jahre
von 100 Kindern nutzen den Computer …	42	72	91	98

a) Was erfährst du aus der Tabelle?
Was hat dein Partner herausgefunden?
Findet weitere Aussagen zum Schaubild.
Sammelt eure Aussagen in der Klasse.

b) Zeichne ein Diagramm zu diesen Zahlen.
Vergleiche mit deinem Partner.

Guppy
Stück 9,75 €

Platy
Stück 8,95 €

Zwergfadenfisch
Stück 7,95 €

Antennenwels
Stück 11,95 €

Grundausstattung:	
Aquarium 60 Liter mit Deckel	85 €
20 kg Kiesel- und Schiefersteine	25 €
Pflanzenboden	15 €
Zubehör:	
Beleuchtung	50 €
Thermostatheizung 50 Watt	24 €
Filteranlage	37 €
Verbrauchsmaterial:	
Fischfutter	15 €
Wasseraufbereitungsmittel	15 €
Kontrollmittel für das Wasser	15 €
Scheibenreiniger	10 €

Infos für Aquarium-Einsteiger:

- Die Wassertemperatur muss zwischen 24 und 26 Grad liegen.
- Die Filteranlage sorgt dafür, dass das Wasser sauber und in Bewegung bleibt.
- Eine Aquariumleuchte wird benötigt. Die Fische stammen aus Gebieten, in denen 12 bis 14 Stunden am Tag die Sonne scheint.

1. Ihr wollt ein Aquarium einrichten. Sprecht darüber.

2. Familie Müller will sich ein Süßwasseraquarium einrichten.
Das Aquarium, die Steine und den Pflanzenboden bezahlen die Eltern, ebenso Fische für 50 €.
Um das Zubehör müssen sich die Kinder selbst kümmern.

a) Welche Dinge bezahlen die Eltern, welche die Kinder und welche die Oma? Schreibe in dein Heft.

b) Wie viel müssen sie jeweils bezahlen?

c) Welche Wasserpflanzen könnten die Kinder vom restlichen Geld noch anschaffen?

d) Wie teuer ist die Anschaffung insgesamt?

AH S. 12

Javafarn
Stück 6,95 €

Indischer Wasserfreund
Stück 7,30 €

Wasserpest
Stück 5,95 €

Schwertpflanze
Stück 7,60 €

Wasserähre
Stück 11,95 €

(3) Von ihrem Taschengeld können die Kinder jeden Monat zusammen 12 € sparen.

a) Wie viele Guppys können sie sich kaufen, wenn sie 3 Monate lang gespart haben?

b) Suche dir 5 Wasserpflanzen aus.
Wie lange müssen die Kinder dafür sparen?

(4) Ein Aquarium zu unterhalten, kostet Geld.
Die Beleuchtung, die Heizung und die Filteranlage verbrauchen Strom.
Futter und Putzmittel müssen immer wieder nachgekauft werden.
An Stromkosten fallen täglich 0,70 € an, für Futter und Putzmittel werden am Tag durchschnittlich 0,50 € benötigt.

Wie viel Geld braucht man im Monat (Jahr) für diese laufenden Kosten?

★ (5) Bitterlingsbarben sind sehr flinke Fische. Da sie im Schwarm leben, sollte man mindestens 7 Tiere im Aquarium halten.
Sie werden ungefähr 5 cm lang.
Auch die Neonsalmler leben im Schwarm.
Von ihnen sollten mindestens 10 Tiere zusammen in einem Aquarium sein. Die Fische werden etwa 4 cm lang.

Bitterlingsbarbe

Wie viel Liter muss ein Aquarium für beide Schwärme fassen?

a) Welche dieser 3 Informationen brauchst du noch, um diese Aufgabe zu lösen?

In einem runden Gefäß fühlt sich kein Fisch wohl.

Ein Fisch, der 1 cm lang ist, braucht 4 l Wasser.
Ein Fisch, der 2 cm lang ist, braucht 8 l Wasser …

Neonsalmler

Ein Aquarium sollte mindestens 60 Liter Wasser fassen.

1 a) Simsala knüpft Netze mit Mal- und Geteiltaufgaben.
Erkläre, wie dieses Netz aufgebaut ist.
Übertrage es in dein Heft und notiere weitere Aufgaben.

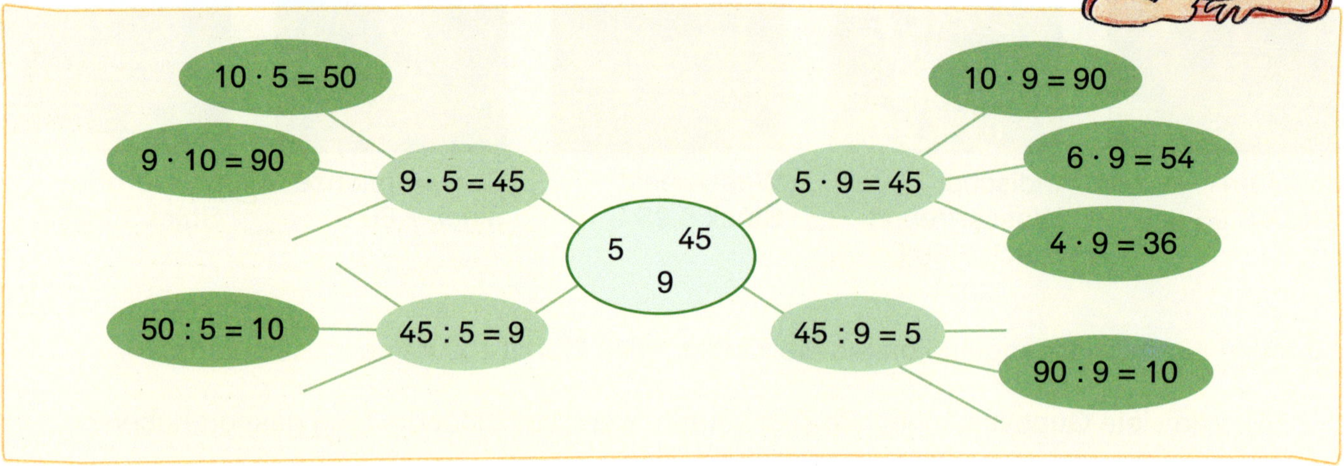

b) Finde Netze zu:

2 14 7

6 54 9

8 72 9

★ 36 12 3

2 Multiplizieren und dividieren mit 10 und 100

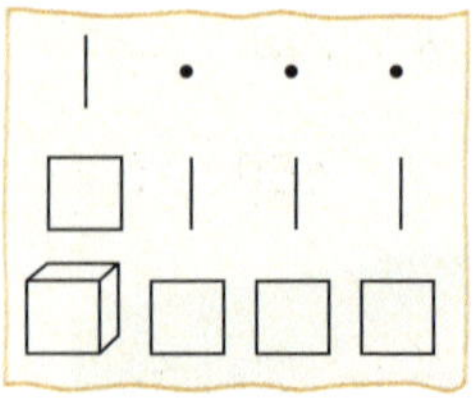

T	H	Z	E
		1	3
	1	3	0
1	3	0	0

· 10, · 10, · 100

T	H	Z	E
1	3	0	0
	1	3	0
		1	3

: 10, : 10, : 100

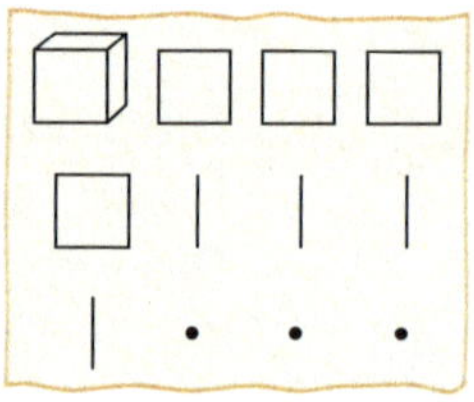

Ergänzt die Sätze der Kinder und schreibt die Rechnungen auf.

3

a)	b)	c)	d)	e)
15 · 10	10 · 18	1 100 : 10	140 : 10	170 : 10
15 · 100	100 · 18	1 100 : 100	1 400 : 10	1 700 : 10
150 · 10	10 · 180	110 : 10	1 400 : 100	1 700 : 100

4 Rechenkonferenz: Multiplizieren mit Vielfachen von 10 und 100. Erklärt die Rechenwege.

Rechne auf deinem Weg.

a) 5 · 70 | 4 · 80 | 6 · 30 | 7 · 90 | 8 · 60 | 9 · 40
90 · 3 | 50 · 6 | 80 · 7 | 40 · 4 | 70 · 3 | 60 · 6

b) 5 · 300 | 4 · 500 | 3 · 600 | 400 · 2 | 300 · 3 | 200 · 9

5 Dividiere.

320 : 40 = ☐
☐ · 40 = 320

320 : 4 = ☐
☐ · 4 = 320

a) 320 : 40
320 : 4

b) 490 : 70
490 : 7

c) 360 : 60
360 : 6

d) 450 : 50
450 : 5

e) 540 : 60
540 : 6

f) 480 : 80
480 : 8

g) 240 : 40
240 : 4

h) 350 : 50
350 : 5

6 5 Zahlen – 8 Aufgaben: Findest du alle 8 Aufgaben?

7 · 40 = 280
280 : 40 = ☐
40 · 7 = ☐☐☐
...

a) 7, 280, 4, 70, 40

b) 6, 60, 7, 70, 420

c)

Kombinieren und darstellen

① Eulalia hat ein großes Geheimnis.
Am Montag erzählt sie es ihren zwei besten Freunden Simsala und Bim. Am Dienstag in der Zauberschule erzählen die beiden wieder je zwei weiteren Freunden von dem Geheimnis.
Wenn es jeden Tag so weitergehen würde, wie viele wissen dann am Freitag von Eulalias Geheimnis?

a) Diese Darstellungen können euch helfen:

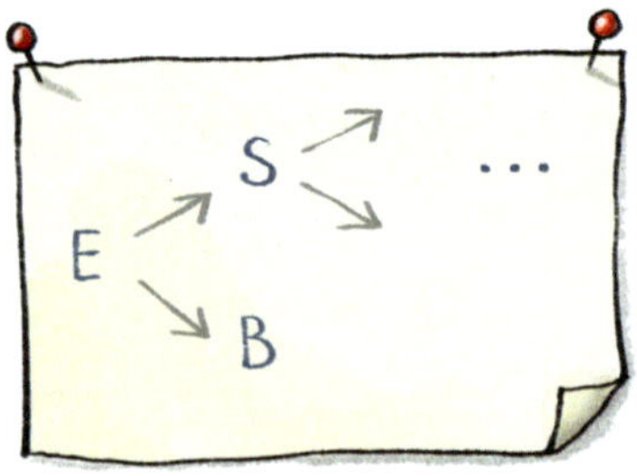

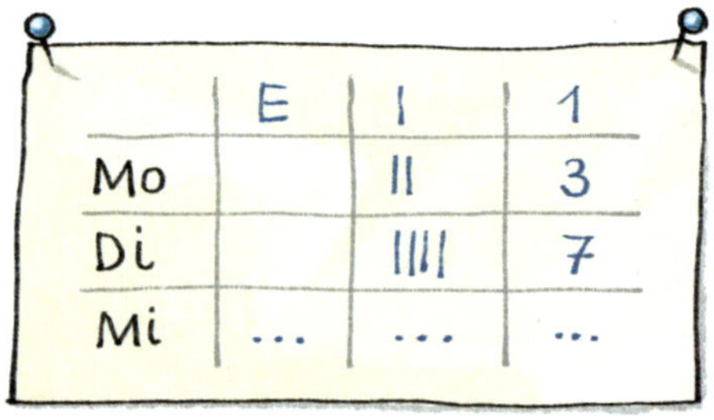

	E	I	1
Mo		II	3
Di		IIII	7
Mi	...	...	...

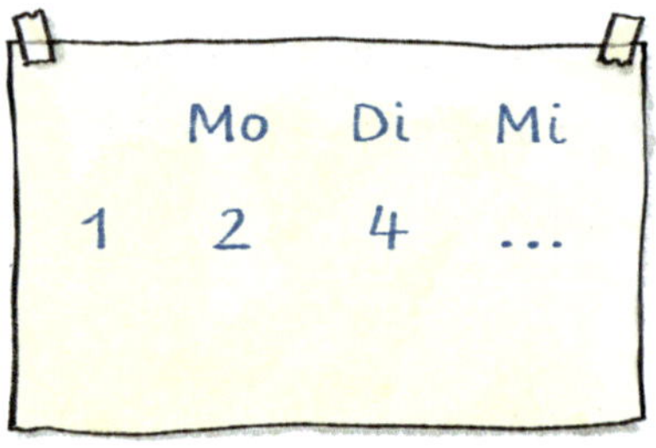

b) Suche dir einen Partner. Vergleicht eure Darstellungen.
Welche ist übersichtlich und geschickt?

c) Stellt eure Darstellungen in der Klasse vor. Vergleicht.

② Morgen fällt Leichtathletik aus. Die Übungsleiterin startet für die 39 Kinder eine Telefonkette. Sie ruft 3 Kinder selbst an.
Jedes Kind ruft wieder 3 Kinder an.

a) Stelle die Telefonkette mit 2 verschiedenen Formen dar.

b) Was wäre wenn …?

- … die Übungsleiterin 4 Kinder selbst anruft?
- … 42 Kinder angerufen werden müssen?
- … jedes Kind nur 2 andere Kinder anruft?

Verändere die Aufgabe selbst.

c) Erfinde eine Telefonkette für deine Sportgruppe, Musikgruppe …

(3) Sina, Anton, Penelope und Pia gehen Eis essen.
Es gibt die Sorten Schokolade, Vanille, Zitrone, Erdbeere, Melone und Himbeere.
Wie viele Möglichkeiten gibt es, eine Eistüte mit zwei Kugeln zusammenzustellen?

a) Löse die Aufgabe. Du kannst zeichnen, eine Tabelle anlegen oder ein Baumdiagramm erstellen.

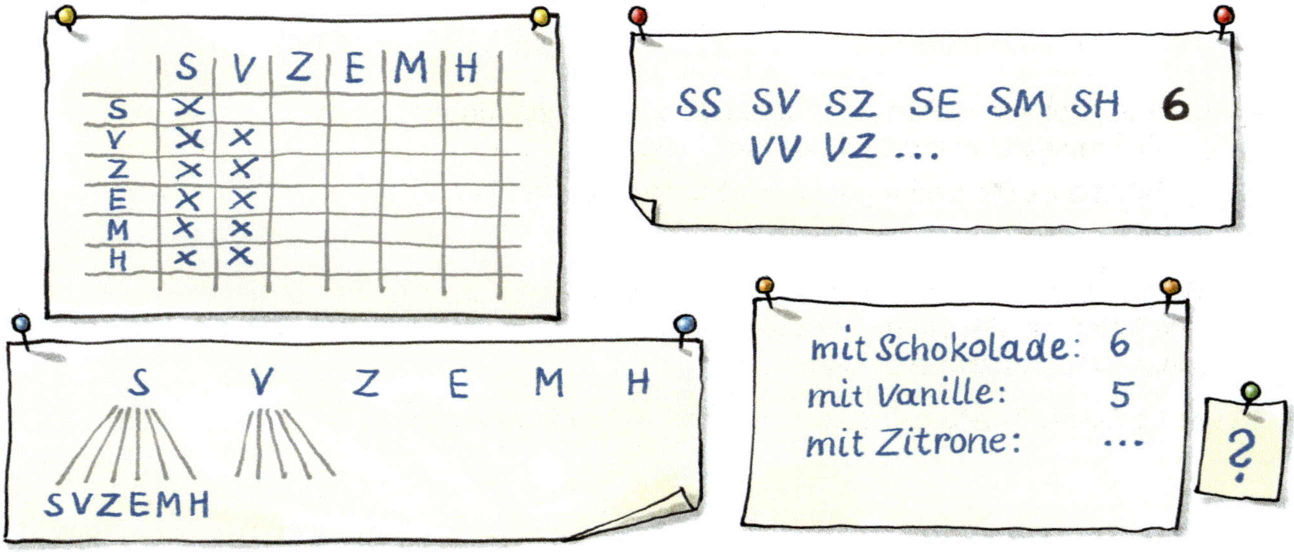

b) Vergleicht die Darstellungen. Welche ist übersichtlich und geschickt?

c) Wie viele Möglichkeiten gibt es, wenn es auch noch Pistazieneis gibt?

(4) Wundertüte: 4 Sorten Eis zur Auswahl.
Wähle zwei Kugeln entweder mit Schokosoße oder mit Sahne oder mit bunten Streuseln.
Wie viele Möglichkeiten gibt es?

1 Zeichne und trage in die Stellenwerttafel ein.

475 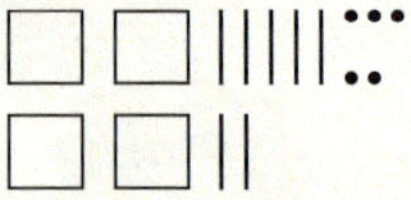

T	H	Z	E
	4	7	5

475	450	296
621	504	1 034
820	333	1 001

2 Schreibe alle 100er-Zahlen mit ihren Nachbarn auf.

99, 100, 101

... 200, ...

3 Lege im Kopf.
Welche Stellen ändern sich?
Rechne.

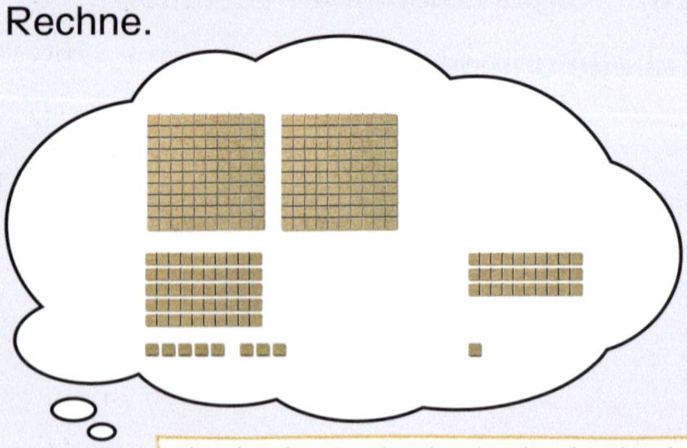

258 + 31 =

a)		b)		c)	
	258 + 31		143 + 37		333 + 57
	258 + 35		143 + 73		333 + 77
	426 + 53		654 + 44		666 + 14
	426 + 58		654 + 46		666 + 44

4 Lege im Kopf. Welche Stellen ändern sich?
Rechne.

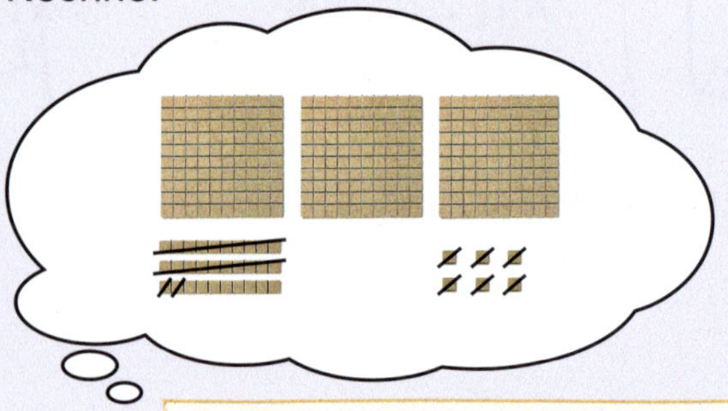

336 − 28 =

a)		b)		c)	
	336 − 28		276 − 54		927 − 37
	336 − 24		276 − 58		927 − 49
	463 − 23		504 − 23		663 − 66
	463 − 83		504 − 27		663 − 99

5 Zur 1 000 – von der 1 000 weg

a)	b)	c)
420 + ___ = 1 000	897 + ___ = 1 000	1 000 − 480 = ___
547 + ___ = 1 000	454 + ___ = 1 000	1 000 − 573 = ___
333 + ___ = 1 000	101 + ___ = 1 000	1 000 − 666 = ___

6 Rechne schriftlich (+) und (−).

a)

624	336	576	694	726
+ 168	+ 405	+ 247	+ 107	+ 345
☐	☐	☐	☐	☐

b)

974	664	725	533	804
− 625	− 208	− 187	− 264	− 647
☐	☐	☐	☐	☐

7 Wie verändern sich die Zahlen jeweils? Überlege und rechne.

a) 14 · 10
14 · 100
140 · 10

b) 27 · 10
27 · 100
270 · 10

c) 32 · 10
320 · 10
32 · 100

d) 10 · 46
100 · 46
10 · 460

8 Rechne Aufgabe und Umkehraufgabe.

180 : 10 = 18
18 · 10 = 180
1800 : 100 = ☐
☐ · 100 = ☐

a) 180 : 10
1 800 : 100

b) 270 : 10
2 700 : 10

c) 340 : 10
3 400 : 100

d) 4 800 : 100
4 800 : 10

e) 1 000 : 10
1 000 : 100

f) 6 800 : 10
680 : 10

9 Welche Malaufgaben fallen dir noch schwer? Übe in deinem 📖.

10 5 Zahlen – 8 Aufgaben

4 · 80 = 320
320 : 80 = ☐
80 · 4 = ☐

a) 4 320 8 40 80

b) 6 180 3 60 30

1 Rechenkonferenz: Große Multiplikationsaufgaben lösen

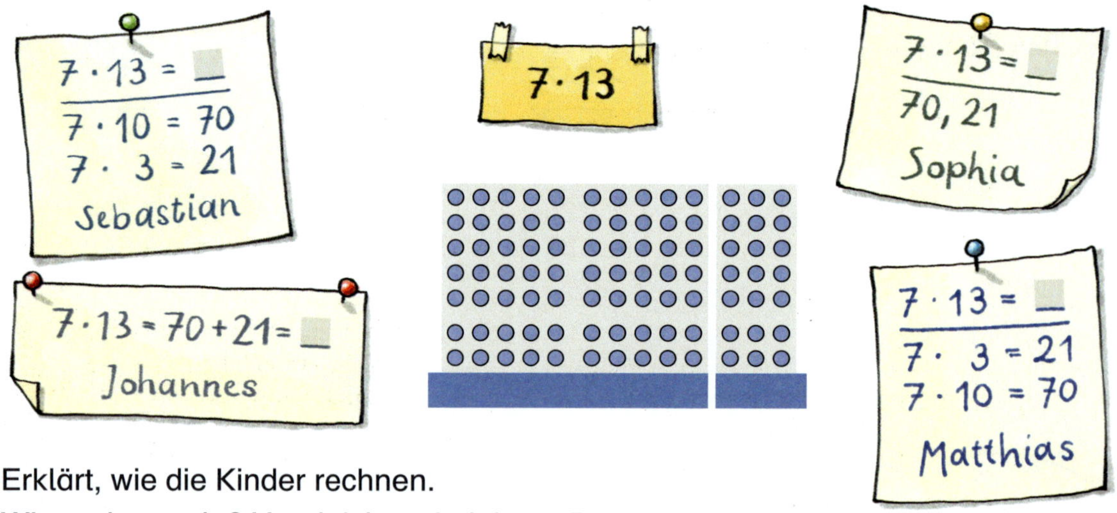

a) Erklärt, wie die Kinder rechnen.

b) Wie rechnest du? Vergleiche mit deinem Partner.

2 Rechne auf deinem Weg.

a)	b)	c)	d)	e)
3 · 37	6 · 57	32 · 4	28 · 6	65 · 4
3 · 92	8 · 93	81 · 6	47 · 8	81 · 8
3 · 54	9 · 26	55 · 7	86 · 7	6 · 54
3 · 46	4 · 85	73 · 3	72 · 9	7 · 32

111, 128, 138, 162, 168, 219, 224, 234, 260, 276, 324, 340, 342, 376, 385, 486, 602, 648, 648, 744

3 Rechenkonferenz: Rechnen mit Hunderterzahlen

Wie rechnen die Kinder? Erklärt.

Rechne auf deinem Weg.

a)	b)	c)	d)	e)
3 · 425	5 · 187	4 · 316	227 · 4	187 · 9
5 · 336	6 · 209	9 · 112	312 · 5	419 · 3
8 · 157	2 · 568	3 · 278	405 · 3	163 · 7

834, 908, 935, 1008, 1136, 1141, 1215, 1254, 1256, 1257, 1264, 1275, 1560, 1680, 1683

★ **4** Welche Aufgaben kannst du im Kopf lösen? Rechne nur diese Aufgaben.

3 · 309 6 · 189 3 · 72 2 · 64 44 · 9 213 · 3 258 · 6

5 Rechentrick 1: verdoppeln oder halbieren

Erkläre den Rechenweg der Kinder.

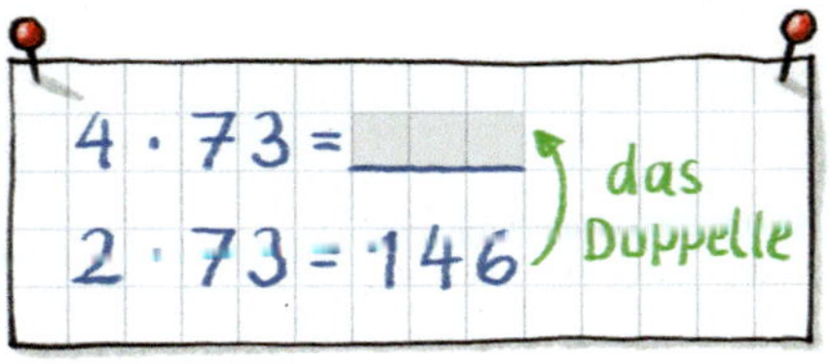

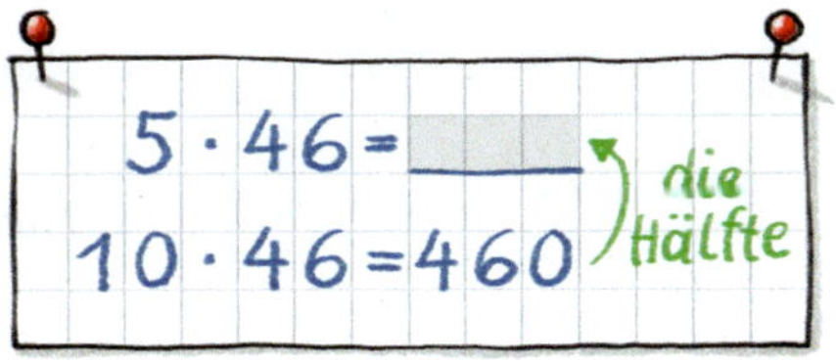

Das Ergebnis muss doppelt so groß sein, weil …

Das Ergebnis ist die Hälfte von 460, weil …

Löse diese Aufgaben mit Verdoppeln oder Halbieren.

a)	b)	c)	d)	e)
4 · 23	4 · 56	5 · 24	5 · 48	5 · 82
4 · 53	4 · 33	5 · 41	5 · 26	4 · 46
4 · 24	4 · 16	5 · 18	5 · 66	5 · 38

6 Rechentrick 2: Nahe an der Zehnerzahl

Erkläre den Rechenweg von Isabell.

Ich habe dreimal einen Einerwürfel zu viel.

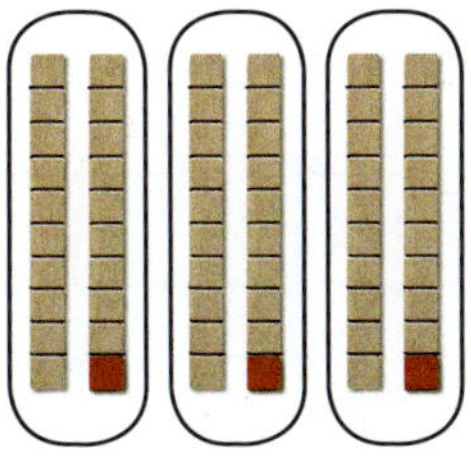

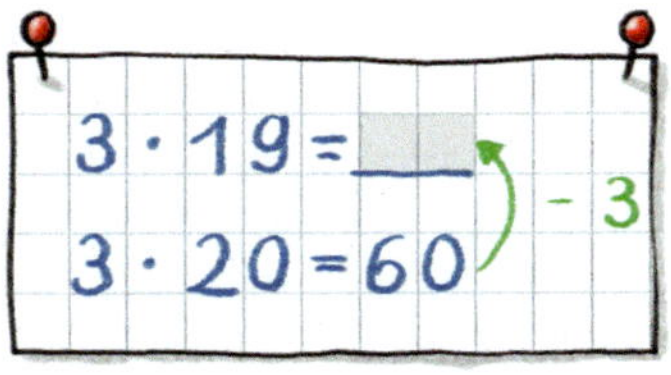

Löse diese Aufgaben mit der Zehnerzahl.

a)	b)	c)	d)	e)
4 · 29	7 · 19	79 · 4	4 · 38	17 · 9
6 · 49	5 · 39	19 · 8	6 · 78	43 · 9
3 · 59	2 · 69	29 · 6	7 · 58	26 · 9

116, 133, 138, 152, 152, 153, 174, 177, 195, 234, 294, 316, 387, 406, 468

7 Rechne. Vielleicht hilft dir ein Rechentrick.

a)	b)	c)	d)	e)
4 · 36	4 · 67	65 · 5	68 · 8	116 · 9
5 · 63	6 · 79			

1 Rechenkonferenz: Große Divisionsaufgaben lösen

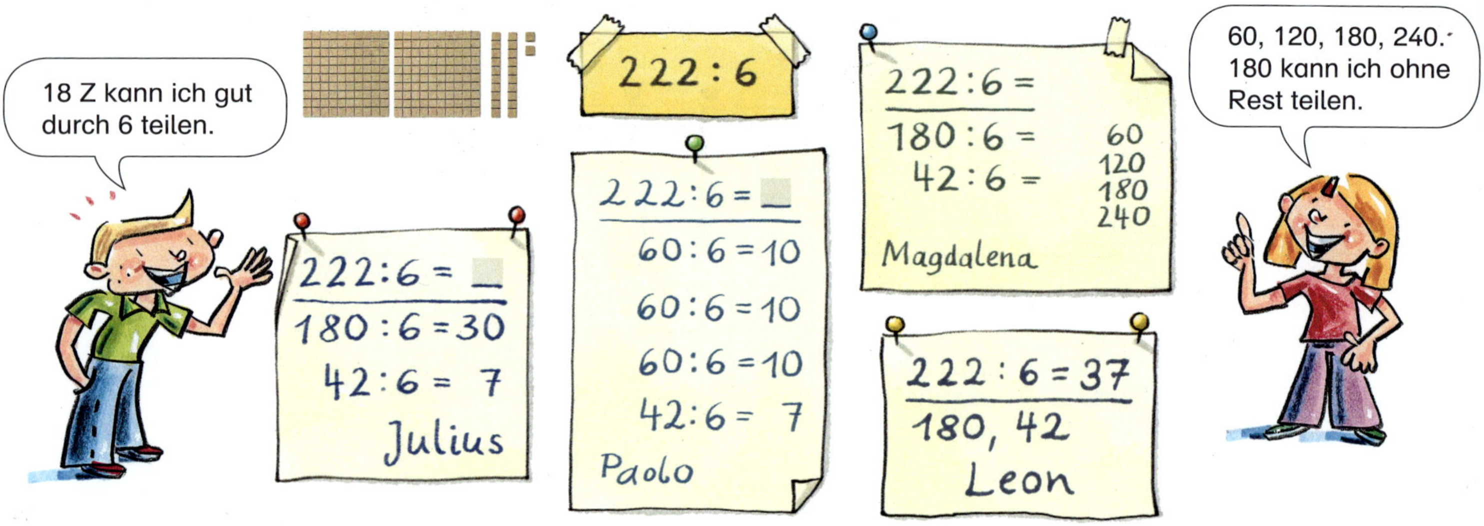

a) Erklärt, wie die Kinder rechnen.

b) Wie rechnest du? Vergleiche mit deinem Partner.

2 Zerlege und rechne.

a) Hier hilft die Viererreihe.

40, 80, 120, 160, 200, …

16 Z kann ich durch 4 teilen.

172 : 4 = ☐	372 : 4 = ☐	420 : 4 = ☐
344 : 4 = ☐	76 : 4 = ☐	228 : 4 = ☐

b) Hier hilft die Siebenerreihe.

21 Z kann ich durch 7 teilen.

224 : 7 = ☐	462 : 7 = ☐	637 : 7 = ☐
399 : 7 = ☐	378 : 7 = ☐	483 : 7 = ☐

70, 140, 210, 280, 350, …

c) Hier hilft die Neunerreihe.

18 Z kann ich durch 9 teilen.

189 : 9 = ☐	288 : 9 = ☐	351 : 9 = ☐
153 : 9 = ☐	396 : 9 = ☐	549 : 9 = ☐

90, 180, 270, 360, 450, …

3 Rechne.

a)	b)	c)	d)	e)
183 : 3	168 : 6	434 : 7	981 : 9	186 : 6
190 : 5	208 : 2	444 : 4	445 : 5	256 : 8

28, 31, 32, 38, 61, 62, 89, 104, 109, 111

4 In welchem Bereich liegt das Ergebnis jeweils?

Rechne wie im Beispiel.

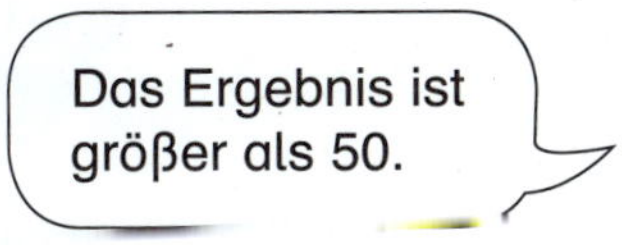

203 : 7	133 : 7	153 : 3	264 : 8
520 : 8	255 : 5	621 : 9	?

5 440 : 8 · 234 : 9 · 420 : 6 · 280 : 7 · 290 : 5 · 320 : 4 · 216 : 9 · 413 : 7 · 336 : 4 · 267 : 3 · 776 : 8 · 140 : 5

Rechne nur die Aufgaben, deren Ergebnisse …

a) … kleiner als 30 sind, b) … Zehnerzahlen sind, c) … größer als 80 sind.

6 Zerlege und rechne.
Überprüfe deine Ergebnisse mit der Umkehraufgabe (Probe).

568 : 8 = 71	71 · 8 = 568
560 : 8 = 70	70 · 8 = 560
8 : 8 = 1	1 · 8 = 8

a)	b)	c)
568 : 8	608 : 8	738 : 9
195 : 5	513 : 9	1272 : 6
549 : 9	462 : 6	644 : 4
672 : 8	435 : 5	875 : 7

7 Es kann auch ein Rest bleiben.

525 : 6 = 87 R3

480 : 6 = 80
45 : 6 = 7 R3

a)	b)	c)
525 : 6	742 : 8	850 : 9
417 : 6	861 : 9	424 : 6
379 : 4	608 : 7	949 : 9
525 : 9	328 : 7	652 : 8
633 : 5	231 : 9	114 : 5

Wenn du richtig gerechnet hast, fällt dir bei den Resten etwas auf.

8 Dividieren durch Zehnerzahlen

468 : 90 = 5 R18

a)	b)	c)
468 : 90	357 : 60	486 : 40
572 : 90	175 : 20	259 : 30

6 Schritte zur Lösung

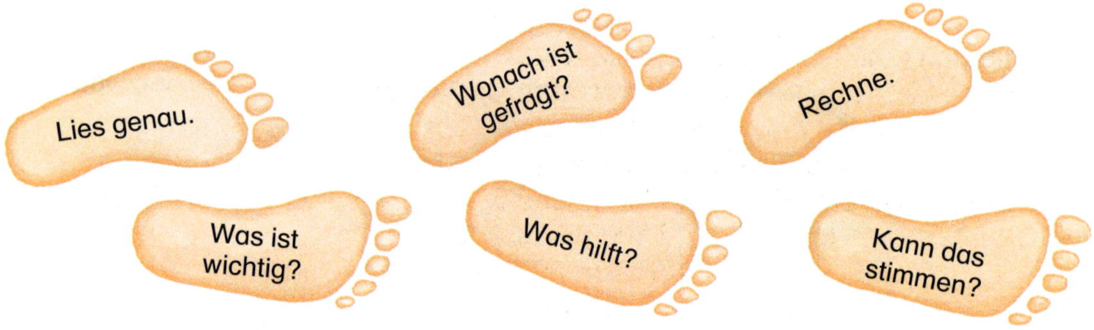

(1) Diese 6 Schritte helfen beim Lösen von Sachaufgaben. Erkläre jeden Schritt.

(2)

> Tim verlässt um 7.50 Uhr das Haus. Mit dem Bus fährt er zur Schule. Bis 13.00 Uhr hat Tim Unterricht. Nach der Schule geht er zu Fuß zu seinen Großeltern. Für den Weg braucht er eine Viertelstunde. In den nächsten 2 Stunden isst er zu Mittag, macht seine Hausaufgaben und spielt mit Opas Katzen. Dann fährt Oma ihn nach Hause. Die Autofahrt dauert 10 Minuten. Um wie viel Uhr ist Tim wieder zu Hause?

a) Was ist wichtig? Was hilft? … Überlege mit deinem Partner.

Erkläre die Skizzen und Stichwortzettel.

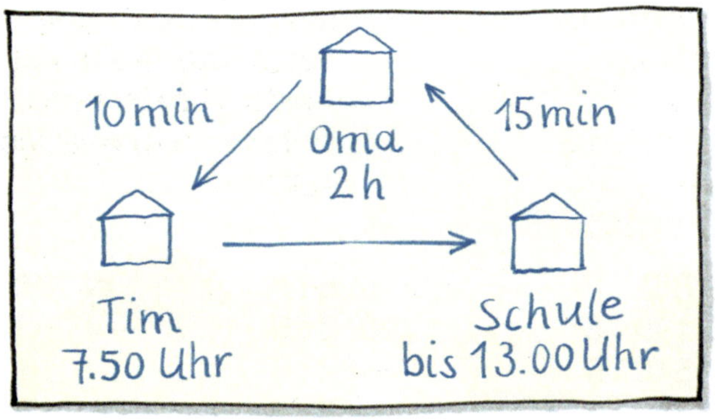

Abfahrt	7.50 Uhr
Schule bis	13.00 Uhr
15 min zur Oma, …	____
2 h zum Essen, …	____
____	____

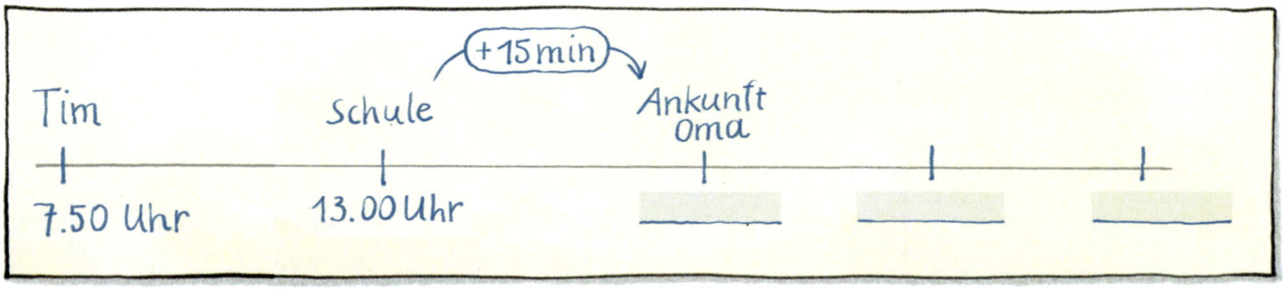

b) Löse die Sachaufgabe auf deinem Weg.

Was bedeuten diese Begriffe? Überlege, wie sie zu den Aufgaben passen.
Verwende sie bei Skizzen und Stichwortzetteln.

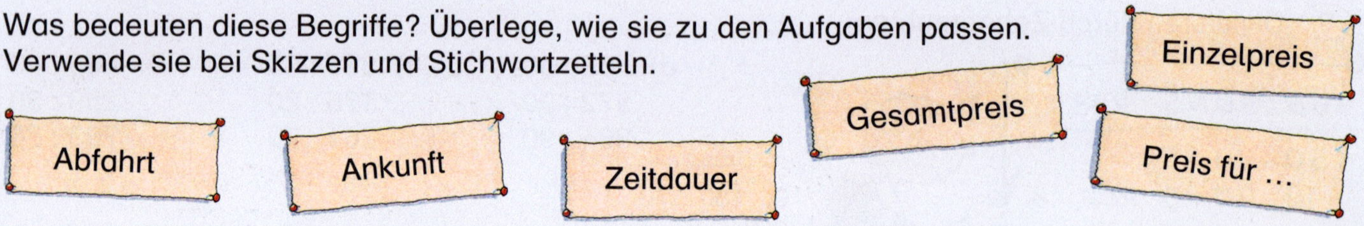

3 Katharina und Lea machen eine Rundtour mit dem Rad. Sie starten um 9.00 Uhr in Dorfen. Zuerst radeln sie in einer halben Stunde 6 km nach Bergen. Dort machen sie 10 min Pause. Dann radeln sie weiter nach Talbach. Die Entfernung zwischen beiden Orten beträgt 3 km. Um 9.55 Uhr sind sie da. Sie machen ein Picknick und radeln eine Stunde später über Burghof zurück nach Dorfen. Sie brauchen für die Strecke von 5 km 20 Minuten. Um wie viel Uhr sind sie zurück? Wie viele km sind sie geradelt? Eine Skizze kann dir helfen.

4 Löse nun eine dieser Aufgaben in deiner Gruppe.
Denke an „6 Schritte zur Lösung“. Skizzen und Stichwortzettel können euch auch helfen.

a) In der Fürstenschule wird der Pausenhof neu gestaltet. Die dafür geplante Sitzgruppe kostet 1700 €, die Kletterwand 2400 €.

Die Schüler wünschen sich zwei Pedalos zu je 79 €, einen Basketballkorb für 58 €, 10 Fußbälle zu je 12 €, 10 Sprungseile zu je 9 € und drei Kullerkreise zu je 35 €.
Die Gemeinde stellt 5000 € bereit.

Reicht das Geld?

Sitzgruppe	1700 €
Kletterwand	2400 €
2 Pedalos	...

b) Erkan möchte ein Smartphone kaufen. Die Hälfte des Kaufpreises, das sind 49 €, schenkt ihm sein Onkel zum Geburtstag. Von seinem Taschengeld hat er seit 5 Monaten jeden Monat 5 € gespart.

Wie viel müsste er jeden Monat von seinem Taschengeld sparen, um sich das Smartphone in drei Monaten kaufen zu können?

Geburtstagsgeld: 49 €
Gespart: ...

c) Die Kinder wollen einen Fahrrad-Parcours aufbauen. Sie stecken dazu auf dem Pausenhof das Übungsfeld für den Slalom ab. Vom Starthütchen bis zum Zielhütchen sind es 24 m.

Wie viele Hütchen müssen die Kinder aufstellen, wenn der Abstand zwischen den Hütchen 3 m betragen soll?

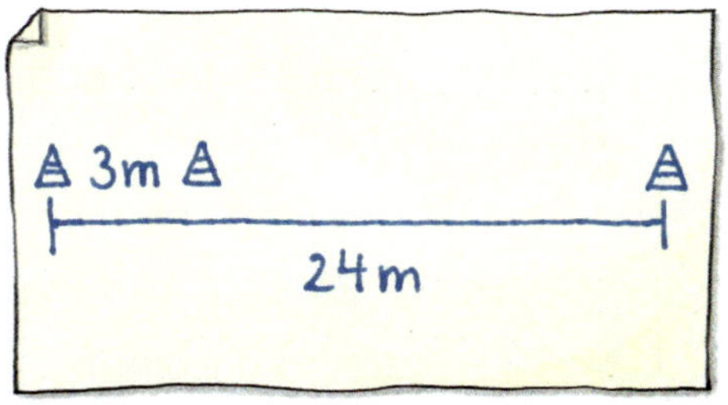

5 Stellt euer Gruppenergebnis der Klasse vor.
Besprecht die Lösungswege. Was hat euch geholfen?

vorhandenes Geld

Fahrzeit

Teilstrecke

doppelt so viel | dreimal so viel

1 Auf einer Weide stehen doppelt so viele Schafe wie Pferde. Insgesamt sind es 18 Tiere.
Wie viele Schafe und wie viele Pferde sind es?

Erkläre, wie Anna und Dimitri die Aufgabe lösen. Rechne.

Ein Teil Pferde und doppelt so viele Schafe.

Ich mache mir eine Tabelle und schaue, was herauskommt.

18 Tiere		
☐ Schafe	☐ Schafe	☐ Pferde

18 : ☐ = ☐

Schafe	Pferde	Tiere insgesamt
10	5	15
…	…	…

2 In der Klasse 4c sind doppelt so viele Buben wie Mädchen. Insgesamt sind es 24 Kinder.
Wie viele Buben und wie viele Mädchen sind es?

3 Dimitri und Max sammeln Fußballbilder. Sie haben insgesamt 72 Bilder.
Dimitri hat dreimal so viele Bilder wie Max.

a) Wie viele Bilder hat jeder?
b) Wie viele Bilder muss Dimitri Max schenken, damit jeder gleich viele hat?

mehr als … | weniger als …

4 Im Nürnberger Tiergarten gibt es insgesamt 24 Esel und Ziegen.
Es sind 6 Ziegen mehr als Esel. Wie viele Ziegen und wie viele Esel sind es?

Erkläre, wie Lisa und Leon die Aufgabe lösen.
Rechne.

24 Esel und Ziegen		
☐ Esel und Ziegen		6 Ziegen
☐ Esel	☐ Ziegen	☐ Ziegen

Esel	Ziegen	Tiere insgesamt
10	10 + 6 = 16	26
…	…	…

5 In der Grundschule Aubach gab es 80 Siegerurkunden mehr als Ehrenurkunden.
Zusammen waren es 120 Urkunden.

Wie viele Ehrenurkunden und Siegerurkunden waren es jeweils?

6 Für das Schulfest bastelt die Klasse 4a Lose. Insgesamt sind es 150 Lose.
Es sind 70 Nieten weniger als Gewinne. Wie viele Nieten und Gewinne sind es jeweils?

sich begegnen

7 Max und Ali wollen sich treffen. Sie wohnen 3600 m voneinander entfernt. Sie gehen gleichzeitig los. Jeder schafft in einer Minute 90 m.

a) Wie viele Minuten nach dem Start treffen sie sich?
b) Welche Strecke hat jeder bis zum Treffpunkt zurückgelegt?

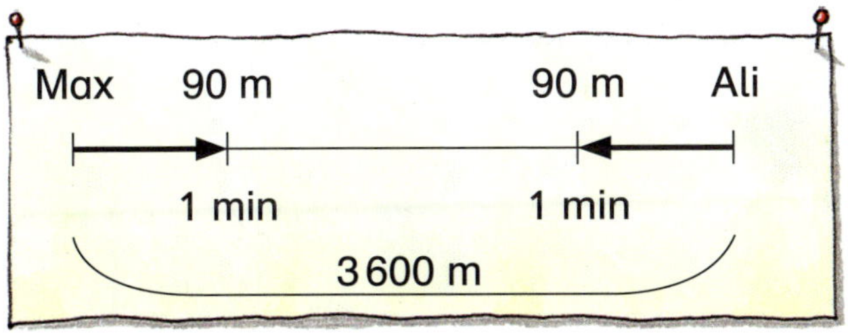

	Max	Ali	zusammen
1 min	90 m	90 m	180 m
10 min			
...			

8 Auch Paolo und Ali wollen sich treffen. Ihre Wohnungen liegen 6 km voneinander entfernt. Paolo legt in einer Minute 70 m zurück und Ali 80 m. Beide gehen gleichzeitig los.

a) Wie viele Minuten nach dem Start treffen sie sich?
b) Welche Strecke hat jeder bis zum Treffpunkt zurückgelegt?

9 Leon und Martin wohnen 35 km voneinander entfernt. Sie wollen sich treffen. Mit ihren Eltern radeln sie um 10 Uhr los. Die Familie von Leon schafft in einer Stunde 16 km, Martins Familie schafft in einer Stunde 12 km.

	Leon	Martin	zusammen
1 h	16 km	12 km	28 km
30 min			
15 min			

a) Wie weit sind sie nach 30 min Fahrtzeit voneinander entfernt?
b) Wann treffen sie sich?

10 Die Entfernung zwischen Astadt und Beburg beträgt 60 km. Von Astadt nach Beburg braucht ein ICE 30 min und in umgekehrter Richtung eine Regionalbahn 60 min. Beide Züge fahren zur gleichen Zeit los.

a) Welchen Weg legt jeder Zug in einer Minute zurück?
b) Wie viele Minuten nach Abfahrt begegnen sich die Züge?
c) In welcher Entfernung von Astadt treffen sie sich?

sich entfernen

11 Anna und Sophie fahren nach dem Schwimmen nach Hause. Anna fährt nach Westen, Sophie nach Osten. Anna schafft in einer Minute 150 m, Sophie 180 m. Wie weit sind sie nach 30 Minuten voneinander entfernt?

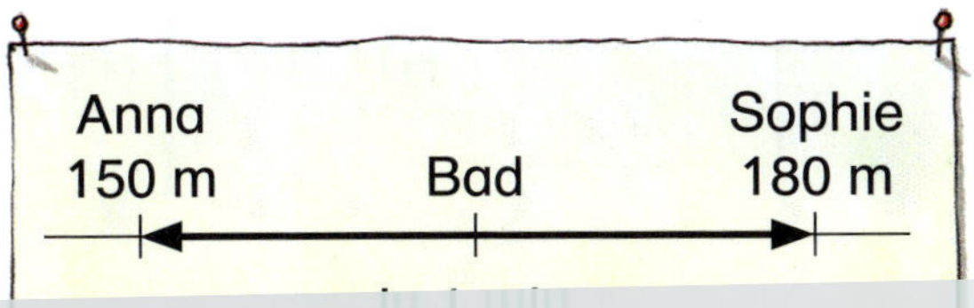

	Anna	Sophie	Entfernung
1 min	150 m	180 m	
10 min			

1 Eulalia setzt Würfel zusammen. Erkläre.
Schreibe die Zahlen in die Stellenwerttafel.

1

HT	ZT	T	H	Z	E
					1

1	0

HT	ZT	T	H	Z	E
				1	0

1	0	0

HT	ZT	T	H	Z	E

1	0	0	0

HT	ZT	T	H	Z	E

1	0	0	0	0

HT	ZT	T	H	Z	E

1	0	0	0	0	0

HT	ZT	T	H	Z	E

(2) Lange Zahlenkarten. Welche Karte gehört zu welchem Zahlwort? Schreibe auf.

20-tausend
40-tausend
70-tausend
7-tausend
80-tausend
30-tausend
90-tausend
4-tausend
9-tausend
60-tausend
2-tausend
100-tausend

3 0 0 0 0 | 4 0 0 0 | 6 0 0 0 0
2 0 0 0 0 | 7 0 0 0 0 | 8 0 0 0 0
4 0 0 0 0 | 9 0 0 0 | 7 0 0 0
1 0 0 0 0 0 | 2 0 0 0 | 9 0 0 0 0

20-tausend: 20000

(3) Legt mit den Zahlenkarten von Aufgabe (2) große Zahlen. Schreibt sie auf.
Lest sie euch gegenseitig vor.

70000 + 4000 = 74000

7 | 4 0 0 0

HT	ZT	T	H	Z	E
	7	4	0	0	0

(4) Tipp zum Lesen großer Zahlen

Klar, auch bei den Tausendern gibt es H, Z, E!

Immer 3 Stellen gehören zusammen, immer H, Z und E:

HT ZT T H Z E
137 412

Lies: 137 -tausend 412

Fasse von rechts her immer 3 Stellen zusammen.

137412

Um große Zahlen gut lesen zu können, lassen wir nach 3 Ziffern eine Lücke.

(5) Zahlwort-Würmer: Lies und schreibe die Zahl auf.

Legen, spielen, rechnen bis 100 000

1 a) Lege diese Zahlen mit deinem Kartensatz nach.
Welche Karten brauchst du?

Schreibe auf: 29315 = 20000 + ...

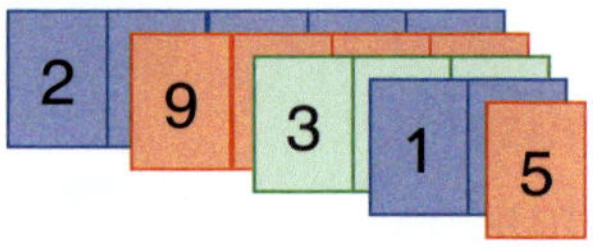

29 315 | 75 237 | 3 331 | 11 231

61 442 | 32 861 | 5 709 | 99 801

b) Schreibe eine Zahl auf. Dein Partner legt sie mit den Karten nach.
Wechselt euch ab.

2 Zahlen mit Nullen

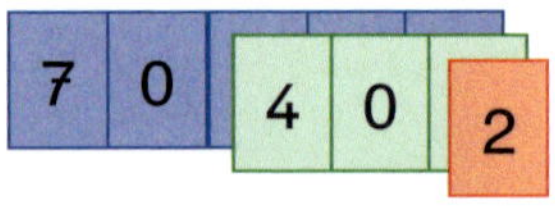

Lege die Zahl nach und lies sie. Schreibe auf:

70402 = 70000 + 400 + ...

a)	b)	c)	d)
5 720	80 809	60 420	1 020
9 003	66 008	40 903	10 802
3 031	90 090	11 001	20 004
4 102	57 800	30 243	11 003

3 a) Lege mit den Zahlenkarten und schreibe auf:
- die kleinste und die größte 4-stellige Zahl,
- die kleinste und die größte 5-stellige Zahl.

★ b) Überlege und schreibe in dein 📖: Wie viele 1-stellige, 2-stellige, 3-stellige Zahlen gibt es?
Gibt es mehr 4-stellige oder mehr 5-stellige Zahlen?

AH S. 24

4 Eine Zahl – drei Schreibweisen

		HT	ZT	T	H	Z	E	
a)	8612							8T, 6H, 1Z, 2E
	60403							
	53029							
b)								9ZT, 5T, 1H, 5Z
								8T, 4H, 9Z, 1E
								7ZT, 4T, 2H, 8Z, 4E
★ c)		1	2	0	3	7	1	
		2	2	0	9	5	4	
		1	0	0	6	1	2	

5

ZT	T	H	Z	E

a) Nimm 6 Plättchen. Lege verschiedene Zahlen. Schreibe sie auf.
Vergleiche mit deinem Partner.
Ordne deine Zahlen. Erkennst du das Muster?

b) Wie heißt die größte 5-stellige (4-stellige, 3-stellige) Zahl, die du mit 6 Plättchen legen kannst? Wie heißt die kleinste? Schreibe auf.

6

ZT	T	H	Z	E
•		•••		••••

a) Lege nach und schreibe die Zahl auf.
Lege ein Plättchen dazu.
Welche Zahlen können entstehen? Schreibe auf.

b) Nimm aus der Stellenwerttafel ein Plättchen weg.
Welche Zahlen können entstehen? Schreibe auf.

c) Verschiebe jeweils ein Plättchen in der Stellenwerttafel.
Welche Zahlen können entstehen?

d) Lege eine andere Zahl mit 8 Plättchen und verändere sie wie bei a), b) und c).

7 Pokern

Zahlenseil und Zahlenstrahl bis 100 000

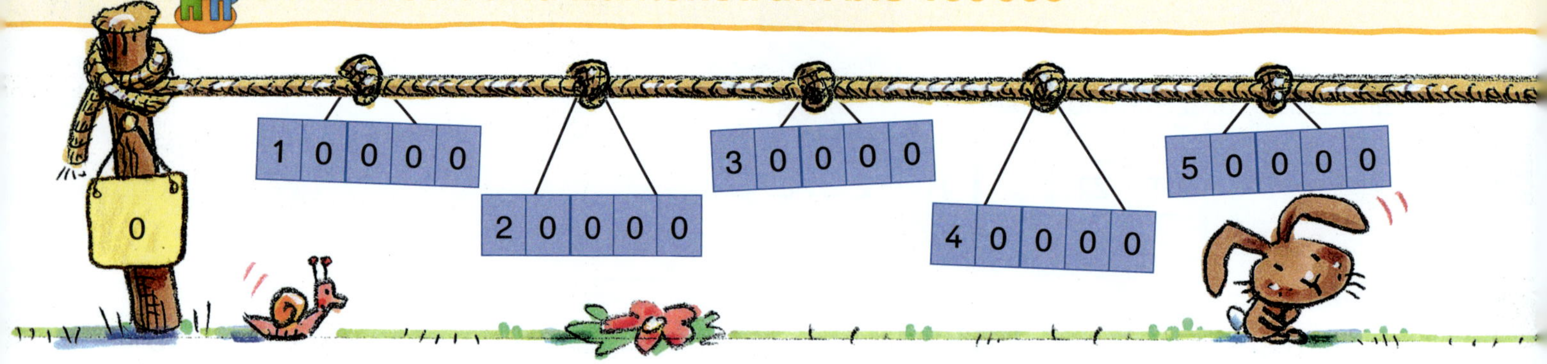

1 Wo findest du diese Zahlen am Zahlenseil oder unten am Zahlenstrahl? Erkläre.

a) 5000 | 31 000 | 44 000 | 59 000 | 62 000 | 75 000 | 88 000

b) 9999 | 2001 | 39 999 | 80 001 | 79 999 | 99 999 | 100 001

2 Nachbar-Zehntausender:
Zwischen welchen Zehntausendern liegen diese Zahlen?
Welcher Zehntausender liegt <u>näher</u>? Schreibe so:

a) 21 417, 35 683, 62 575
b) 68 724, 83 519, 98 261
c) ?

a) <u>20 000</u>, 21 417, 30 000

3 Nachbar-Tausender:
Zwischen welchen Tausendern liegen diese Zahlen?
Welcher Tausender liegt <u>näher</u>? Schreibe so:

a) 3615, 4789, 2614
b) 62 671, 84 936, 31 462
c) ?

a) 3 000, 3 615, <u>4 000</u>

4 Nachbarzahlen: Schreibe die Nachbarzahlen auf.

a) 2627, 5858, 8000
b) 55 555, 72 536, 59 999
c) ?

a) 2 626, 2 627, 2 628

5 Zähle in Schritten. Schreibe auf:

a) Tausenderzahlen zwischen | 47 000 und 56 000 | 63 000 und 72 000 | ?

b) Hunderterzahlen zwischen | 3 000 und 3 700 | 75 000 und 76 000 | ?

c) Zehnerzahlen zwischen | 56 480 und 56 560 | 89 950 und 90 030 | ?

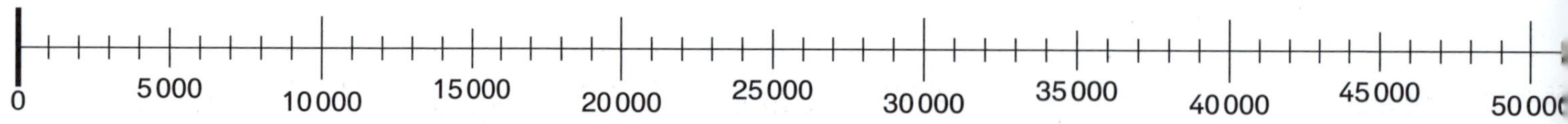

6 Zähle rückwärts. Schreibe auf: Zahlen zwischen

35 592 und 35 576

70 008 und 69 997

50 003 und 49 994

3 5 5 9 2, 3 5 5 9 1, 3 5 5 9 0, ...

7 Zahlenfolgen

a) 63 210, 63 215, 63 220, ... 63 250

b) 47 050, 47 040, 47 030, ... 46 970

c) 25 316, 25 318, 25 322, 25 328, ... 25 388

8 Vergleiche die Zahlen. Setze ein: (<) (>) (=).

a) 72 630 ◯ 72 530
87 450 ◯ 87 450
26 905 ◯ 26 950

b) 43 749 ◯ 43 854
94 635 ◯ 96 435
23 853 ◯ 23 853

c) 51 370 ◯ 51 390
64 899 ◯ 63 899
45 248 ◯ 48 452

9 Ordne die Zahlen der Größe nach. Verwende (>) oder (<).

3 504, 3 509, 6 703, 4 260

53 417, 28 711, 46 386, 28 911

43 627, 43 527, 43 027, 43 927

3 5 0 4 < 3 5 0 9 < ...

10 Zahlenrätsel

a) Die Zahl ist die größte fünfstellige gerade Zahl.

b) Die Zahl liegt genau zwischen 80 100 und 80 200.

c) Die Zahl ist das Doppelte von 21 300.

d) Die Zahl liegt zwischen 40 000 und 50 000. Sie hat 5-mal so viele Tausender wie Hunderter, Zehner und Einer.

e) Schreibe ein Zahlenrätsel in dein Heft. Dein Partner löst es.

Kopfrechnen bis 100 000: addieren und subtrahieren

1 Schreibe die passende Aufgabe auf. Rechne.

a)

ZT	T	H	Z	E	
3	5	4	3	2	+ 60
8	3	2	5	0	+ 600
5	3	6	4	5	+ 20 000
6	0	7	3	1	+ 5 000
1	5	0	8	4	+ 5

b)

ZT	T	H	Z	E	
9	8	2	4	5	– 50 000
5	4	3	5	6	– 5
4	3	8	6	2	– 400
2	8	5	1	0	– 10
7	9	0	8	7	– 9 000

35432 + 60 = ▢

2 Bilde Additionsaufgaben. Achte auf die Stellen.

2000 40 20000 50000 1000 80 8000 30 90000 700 1 5 3 900 300

20000 + 700 = 20700
2000 + 80 = ▢

3 Bilde Additionsaufgaben. Berechne jeweils die Summe. Achte auf die Stellen.

62134	⊕	2	50	300	6000	20000
51405		4	30	500	5000	30000
33240		3	10	400	1000	10000

62134 + 500 = ▢

4 Bilde Subtraktionsaufgaben. Berechne jeweils die Differenz. Achte auf die Stellen.

77486	⊖	5	20	300	2000	30000
89568		3	50	100	6000	20000
58977		6	30	400	5000	40000

5 Additionsaufgaben mit vollen Tausendern

27 T + 14 T = ☐
27 + 14 = ☐

a) 27000 + 14000
36000 + 25000
45000 + 37000
18000 + 66000

b) 58000 + 34000
24000 + 47000
39000 + 36000
57000 + 25000

6 Subtraktionsaufgaben mit vollen Tausendern

32 T – 15 T = ☐
32 – 15 = ☐

a) 32000 – 15000
62000 – 34000
75000 – 47000
83000 – 56000

b) 44000 – 17000
35000 – 18000
54000 – 26000
71000 – 35000

7 Ergänze.

1000	
400	☐
50	☐
80	☐
610	☐

10000	
4000	☐
500	☐
800	☐
6100	☐

1000	
☐	800
☐	270
☐	910
☐	870

10000	
☐	8000
☐	2700
☐	9100
☐	8700

100000	
☐	80000
☐	27000
☐	91000
☐	87000

8 Ziehe vom vollen Tausender, Zehntausender und Hunderttausender ab.

1000 – 1
1000 – 10
1000 – 100

10000 – 1
10000 – 10
10000 – 100
10000 – 1000

100000 – 1
100000 – 10
100000 – 100
100000 – 1000
100000 – 10000

Fällt euch etwas auf?

9 Rechne im Kopf.

a) 6900 + 250
3500 + 750
4800 + 320

b) 4995 + 8
2980 + 40
7987 + 15

c) 21920 + 100
37850 + 320
56710 + 530

d) 69995 + 7
79993 + 20
39991 + 14

10 a) 5400 – 630 b) 8007 – 8

Kopfrechnen bis 100 000: multiplizieren und dividieren

① Multiplizieren und Dividieren mit 10, 100, 1 000, …

ZT	T	H	Z	E
			2	3
		2	3	0
	2	3	0	0
2	3	0	0	0

· 10 · 10 · 10 · 100 · 1 000

ZT	T	H	Z	E
2	3	0	0	0
	2	3	0	0
		2	3	0
			2	3

: 10 : 10 : 10 : 100 : 1 000

Ergänze die Sätze der Kinder und schreibe die Rechnungen auf.

② Rechne.

a)	b)	c)	d)
43 · 10	100 · 72	93 000 : 10	56 000 : 1 000
43 · 100	1 000 · 72	93 000 : 100	56 000 : 100
43 · 1 000	10 · 720	93 000 : 1 000	56 000 : 10
430 · 100	10 · 7 200	9 300 : 100	5 600 : 100

③ Findet zu den kleinen Aufgaben verschiedene große Aufgaben.

54 · 10 36 · 10 99 · 10 73 · 10

54 · 10 = 540
540 · 100 = 54 000
54 · 10 000 = ▢
…

420 : 10 210 : 10 160 : 10 640 : 10

420 : 10 = 42
4 200 : 100 = 42
42 000 : 1 000 = ▢
…

④ Zerlege.

10	100	1 000	10 000	100 000
2 · □	2 · □	2 · □	2 · □	2 · □
5 · □	4 · □	4 · □	4 · □	4 · □
10 · □	5 · □	5 · □	5 · □	5 · □
	10 · □	10 · □	10 · □	10 · □
		100 · □	100 · □	100 · □
			1 000 · □	1 000 · □
				10 000 · □

Schreibe die Zerlegungen in dein 📖.

5

Matthias:
9 · 2 = 18
9 · 2000 = 18000 (· 1000)

Katharina:
9 · 2 = 18
9 · 20 = 180 (· 10)
9 · 200 = 1800 (· 10)
9 · 2000 = 18 000 (· 10)

Anne:
9 · 2000
9 · 2 · 1000
18 · 1000 = 18000

Wie rechnen die Kinder?
Rechne auf deinem Weg.

a)	b)	c)	d)
8 · 50	7 · 400	7000 · 9	50 000 · 2
4 · 6000	3 · 30 000	500 · 6	3000 · 9
2 · 40 000	4 · 8000	20 000 · 4	800 · 7

6

Matthias:
2 · 3 = 6
20 · 30 = 600 (· 100)

Katharina:
2 · 3 = 6
2 · 30 = 60 (· 10)
20 · 30 = 600 (· 10)

Anne:
20 · 30
2 · 10 · 3 · 10
6 · 100

Wie rechnen die Kinder?
Rechne auf deinem Weg.

a)	b)	c)	d)
60 · 70	500 · 40	30 · 2000	2000 · 60
40 · 30	300 · 70	70 · 900	800 · 80
80 · 90	700 · 50	20 · 4000	3000 · 9

7 Dividiere.

12000 : 4 = ▢▢▢▢
▢▢▢▢ · 4 = 12000

30000 : 600 = ▢▢
▢▢ · 600 = 30000

a)	b)	c)
12 : 4	30 : 6	72 : 8
120 : 40	300 : 60	720 : 80
1 200 : 400	3000 : 6	7 200 : 800
12 000 : 40	30 000 : 600	72 000 : 8 000

Denke an die Umkehraufgabe.

8 Aufgabenfamilien

6 · 8	7 · 4	9 · 5	5 · 7
6 · 800	70 · 400	9000 · 5	500 · 70
600 · 80	7 · 400	90 · 50	5 · 7000
600 · 800	700 · 40	…	…
…	…		

Finde zu den Familien noch weitere Aufgaben.

18 : 6	27 : 3	35 : 5	42 : 7
1 800 : 60	2 700 : 30	35 000 : 50	42 000 : 7

Was ist im Säckchen?

① a) Jede Gruppe bekommt ein Säckchen mit den gleichen sechs Steckwürfeln. Ihr dürft 10-mal ziehen. Legt den Würfel nach jedem Ziehen zurück ins Säckchen. Erstellt ein Balkendiagramm:

rot										
blau										
gelb										
grün										

b) Überlegt jetzt: Was könnte im Säckchen sein?

c) Könnte es eines von diesen Säckchen sein? Könnt ihr ein Säckchen ausschließen?

② a) Fasst die Ergebnisse in der Klasse zusammen. Wie oft ist welche Farbe gezogen worden? Was könnte im Säckchen sein? Vergleicht mit Aufgabe ① c). Begründet.

Sehr wahrscheinlich ist es …, weil …

Säckchen … ist eher unwahrscheinlich, weil …

Es ist sicher nicht Säckchen …, weil …

b) Schaut ins Säckchen. Vergleicht mit euren Vermutungen.

③

a) Greift blind 6 Würfel aus einer Kiste und legt sie in ein Säckchen. Zieht mehrmals. Schreibt jeweils die Farbe auf und legt den Würfel nach jedem Ziehen wieder zurück ins Säckchen. Wenn ihr denkt, ihr wisst, was im Säckchen ist, schreibt eure Vermutung auf.

Begründet, schaut ins Säckchen. Vergleicht.

b) Füllt das Säckchen nun mit 10 Würfeln und zieht.

④ Miriam hat für Elias ein Säckchen mit 6 Würfeln gefüllt.

a) Elias zieht 4-mal.

rot								
blau	X	X						
gelb	X	X						
grün								

Er sagt: „Ich weiß es. Es sind 3 blaue und 3 gelbe Würfel."
Was sagst du dazu?

b) Er zieht noch 4-mal.

rot								
blau	X	X	X					
gelb	X	X	X	X				
grün	X							

Er sagt: „Es kann kein roter Würfel drin sein."
Was sagst du dazu?

c) Elias zieht insgesamt 30-mal.
Welche sechs Würfel könnten im Säckchen sein?
Begründe deine Vermutung.

rot	
blau	12
gelb	14
grün	4

⑤ Welches Säckchen könnte zu welchem Versuchsergebnis passen?
Gibt es mehrere Möglichkeiten? Begründe deine Meinung.

a)

rot	卌	卌	卌	卌	卌	卌	卌	卌
blau	卌	卌						
gelb								
grün	卌	卌	卌	卌	卌			

b)

rot	卌	卌	卌	卌	卌			
blau	卌	卌	卌	卌	卌	卌		
gelb	卌	卌	卌	卌				
grün								

c)

rot	卌	卌	卌	卌	卌	卌		
blau	卌	卌	卌	卌				
gelb	卌	卌	卌					
grün	卌	卌						

d)

rot	卌	卌	卌	卌	卌	卌	卌	卌
blau	卌							
gelb								
grün	卌	卌						

e)

rot	卌	卌						
blau	卌	卌	卌	卌	卌	卌		
gelb	卌	卌	卌	卌	卌			
grün	卌							

f)

rot	卌	卌	卌	卌	卌	卌	卌	卌
blau	卌	卌	卌	卌	卌	卌	卌	
gelb								
grün								

⑥ Füllt 6 Würfel in ein Säckchen, sodass die Ergebnisse im Diagramm …

rot	卌	卌	卌	卌	卌	卌	卌	卌	卌	卌
blau	卌	卌	卌							

Grundwissen ②

1 Rechne.

a)	5 · 60	6 · 40	8 · 60
	4 · 30	7 · 70	7 · 30

b)	60 · 9	80 · 3	30 · 7
	40 · 5	90 · 6	20 · 9

2 Halbschriftlich multiplizieren

a) Sieh dir die verschiedenen Rechenwege auf S. 26 und S. 27 noch einmal an.

4 · 19

Schreibe in dein Heft, wie du rechnest.
Erkläre deinen Rechenweg.

b) Rechne auf deinem Weg.

6 · 25	4 · 76	57 · 6	26 · 9	32 · 5
7 · 54	3 · 91	75 · 8	19 · 8	12 · 6

3 Rechne.

a)	630 : 90	240 : 30	560 : 80
	630 : 9	240 : 3	560 : 8

b)	450 : 90	420 : 70	540 : 90
	450 : 9	420 : 7	540 : 9

4 Halbschriftlich dividieren

a) Sieh dir die verschiedenen Rechenwege auf S. 28 und S. 29 noch einmal an.

252 : 4

Schreibe in dein Heft, wie du rechnest.
Erkläre deinen Rechenweg.

b) Rechne auf deinem Weg.

552 : 6	776 : 8	375 : 5	702 : 9	231 : 7
396 : 6	472 : 8	465 : 5	423 : 9	406 : 7

5 Zähle in Schritten. Schreibe auf:

a) Tausenderzahlen zwischen | 37 000 und 44 000 | 18 000 und 25 000

b) Hunderterzahlen zwischen | 50 000 und 51 000 | 69 400 und 70 700

c) Zehnerzahlen zwischen | 42 570 und 42 620 | 89 960 und 90 050

6 Lies die Zahlen und schreibe die Rechnung auf.

6 | 4 | 3 | 6 | 1

60000 + 4000 + 300 + 60 + 1 = 64361

a) 7 5 8 7 3   2 7 4 6 2   1 2 0 4 8   9 0 9 0 9

b) 5 0 7 4 2   3 5 6 0 4   6 7 0 4 0   5 7 0 4

7 Eine Zahl – drei Schreibweisen

	ZT	T	H	Z	E	
47348	4	7	3	4	8	4 ZT, 7 T, 3 H, 4 Z, 8 E
60410						
	5	4	0	2	6	
						3 ZT, 5 T, 2 H, 2 E

Schreibe in dein 📖. Denke dir weitere Aufgaben aus.

8 Ergänze auf 100000.

70 T + ☐ T = 100 T

a) 70000 + ☐ = 100000
26000 + ☐ = 100000
82000 + ☐ = 100000

b) ☐ + 80000 = 100000
☐ + 59000 = 100000
☐ + 42000 = 100000

70000 + ☐ = 100000

9 Ergänze.

1000	
300	☐
60	☐
360	☐

10000	
3000	☐
600	☐
3600	☐

1000	
☐	400
☐	240
☐	890

100000	
☐	40000
☐	24000
☐	89000

10 Dividiere. Überprüfe mit der Umkehraufgabe.

27 : 3 = ☐

a) 27 : 3   b) 45 : 5   c) 54 : 6

Geo-Burgen

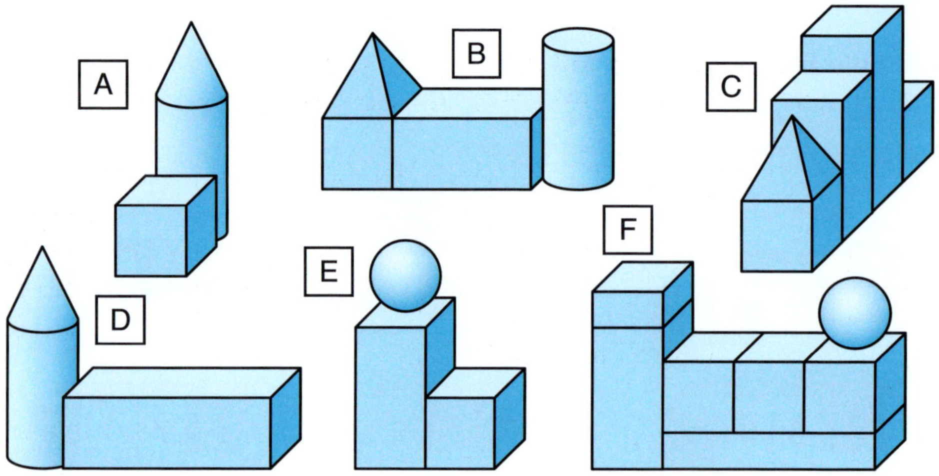

① Wer hat welche Geo-Burg gebaut?

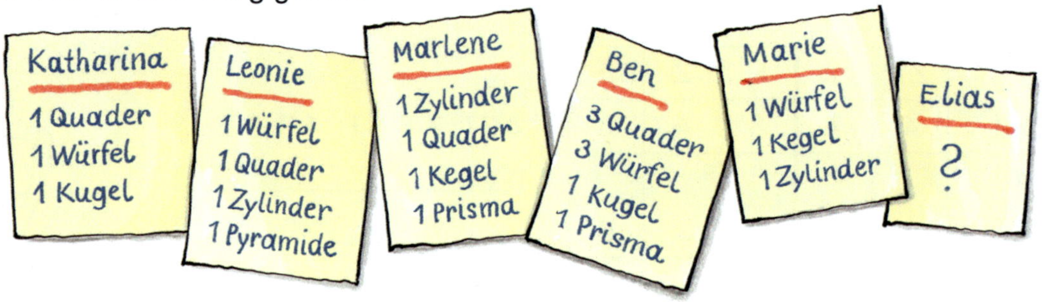

② a) Welche Geo-Burg gefällt dir am besten? Warum?

b) Welche Geo-Burg würdest du verändern? Wie?

c) Baue mit deinem Partner eine eigene Geo-Burg.
Versucht, möglichst verschiedene Körper zu verwenden. Vergleicht in der Klasse.

③ So zeichnet man Ansichten von Burgen.

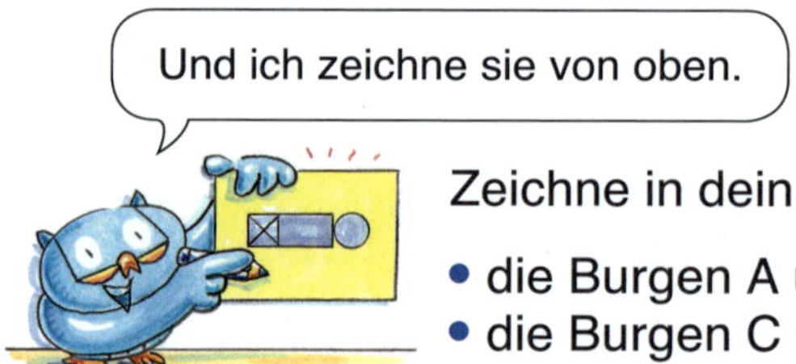

Zeichne in dein Heft:

- die Burgen A und D von links,
- die Burgen C und F von rechts,
- die Burgen E und C von vorne und von hinten,
- die Burgen B und F von unten.

So zeichnest du Würfel …

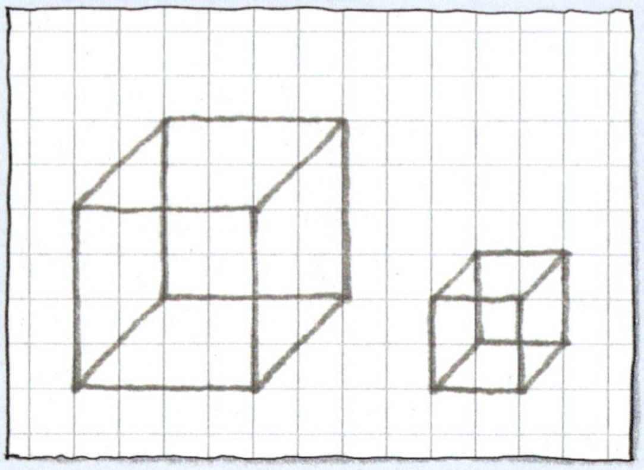

(4) Verschiedene Ansichten: Welche Geo-Burg aus Aufgabe (1) ist es?
Siehst du sie von vorne, von hinten, von rechts oder von links? Schreibe auf.

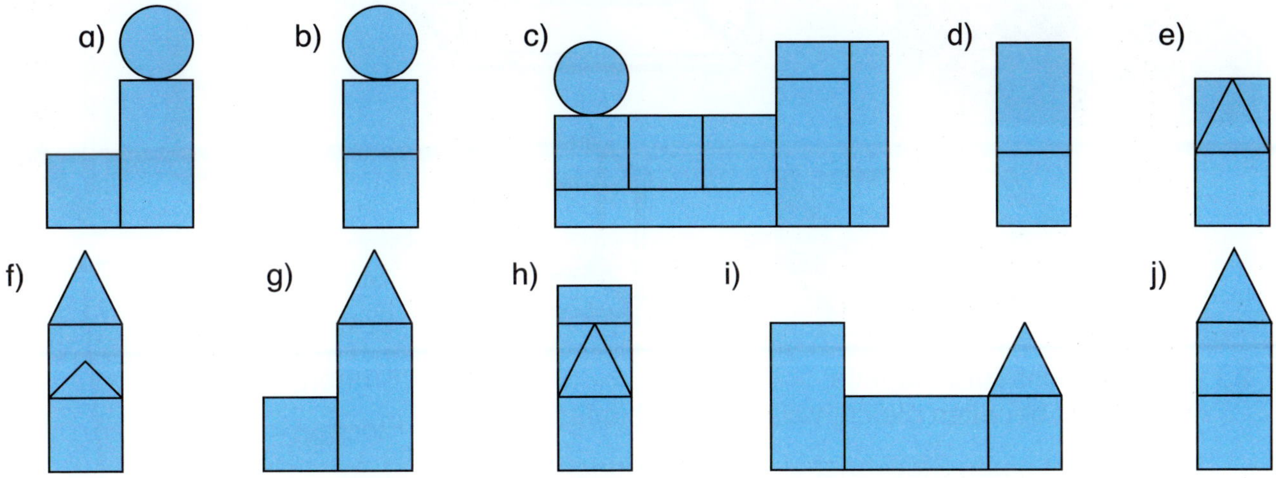

a) Burg ▢ von hinten b) Burg ▢ von … c) …

(5) Erkennst du die Geo-Burgen auch von oben? Schreibe auf.

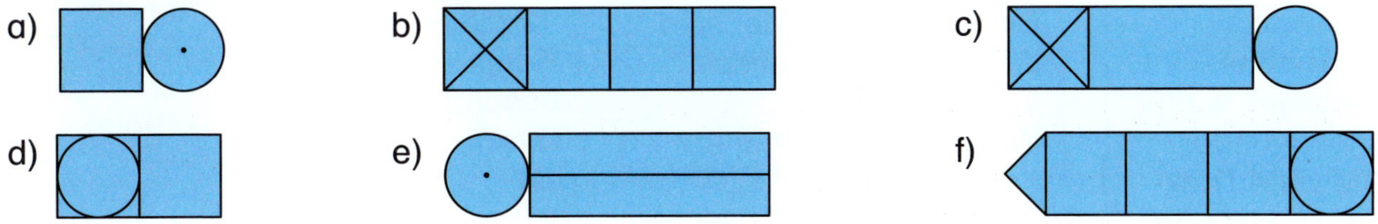

(6) Baue selbst eine Geo-Burg und zeichne sie von verschiedenen Seiten.

(7) Verwendet diese Körper.

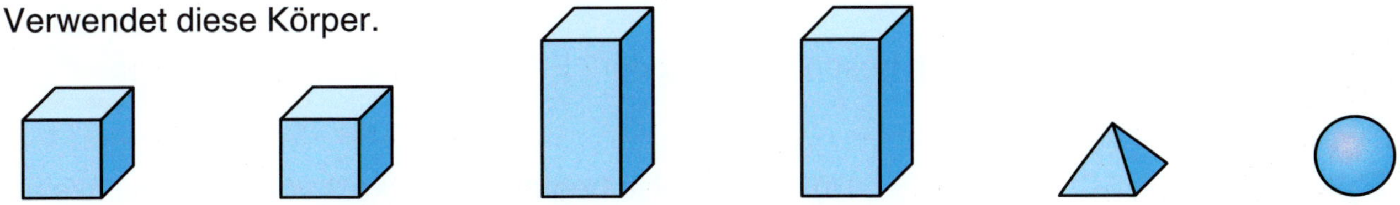

Baut damit eine Geo-Burg. Zeichnet verschiedene Ansichten.
Klebt alles auf eine Karte. Tauscht die Karten untereinander aus.
Baut die Burgen der anderen Kinder nach.

… und Quader. Zeichne in dein ▢.

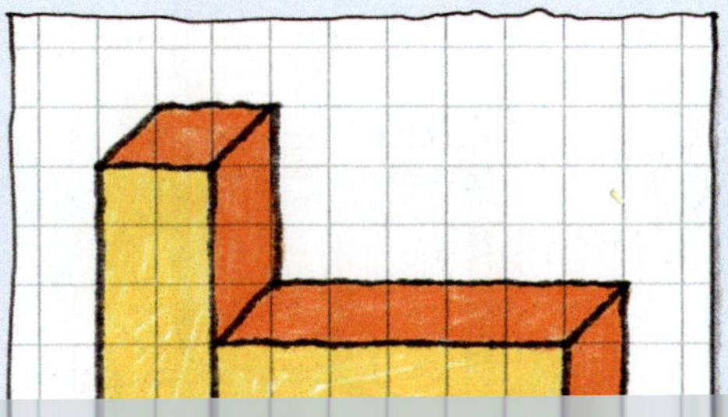

Der Quader

① Baut verschiedene Quader.

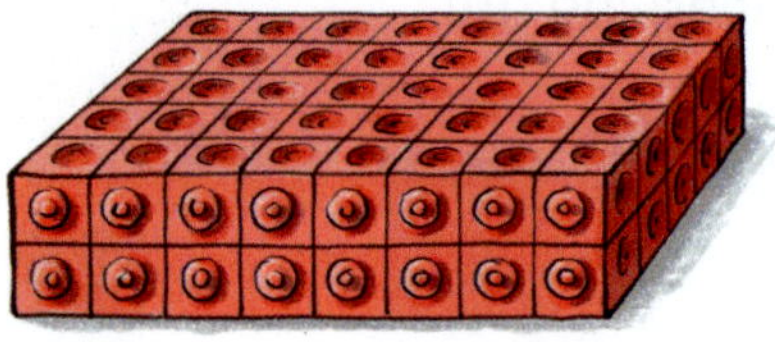

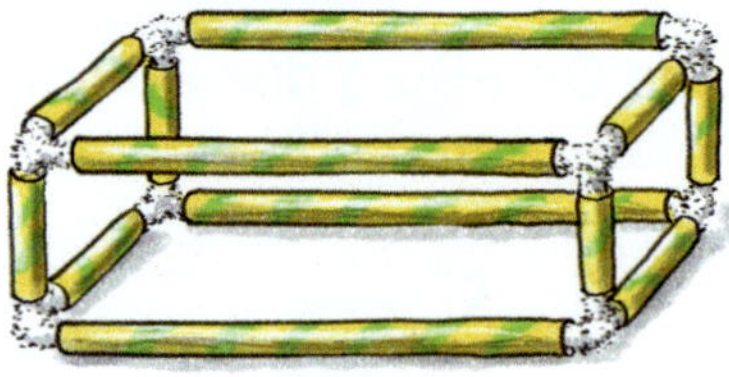

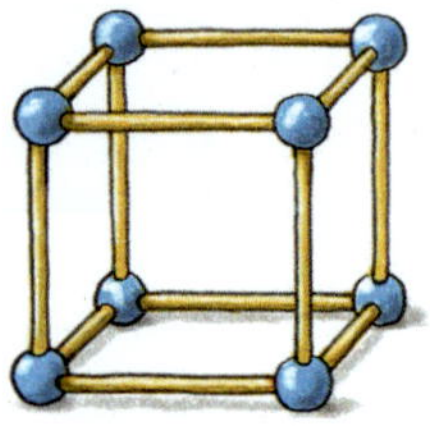

② a) Vergleicht eure Modelle.
Was ist bei allen gleich, was ist verschieden?

b) Schreibt einen Steckbrief zu eurem Quader.

Steckbrief
Ecken: ?
Kanten: ?
Flächen: ?
Flächenform: ?
rechte Winkel: ?

③ Quaderkonferenz

a) Beantworte oder ergänze.

Wie viele Trinkhalme benötigen wir für einen Quader? Wie viele Trinkhalme müssen jeweils gleich lang sein?

Bei meinem Quader sind 2 Flächen quadratisch, 4 sind rechteckig. Wie viele Ecken hat er?

Mein Quader hat 12 gleich lange Kanten. Er ist ein besonderer Quader, er ist ein …

Ich benötige 8 Kugeln, 4 lange Stäbe und … kurze Stäbe.

Wie viele Kugeln benötigen wir als Ecken?

Mein Quader hat … rechte Winkel.

b) Warum ist der Würfel ein besonderer Quader? Erkläre.

④ Kantenwandern

a) Die Ameise beginnt bei Ecke 1 vorne/unten/links und wandert zur Ecke hinten/oben/rechts.
- Welche Nummer hat diese Ecke?
- Beschreibe mehrere Wege.

1 → 5 → …

b) Die Ameise beginnt bei Ecke 3 und wandert nach vorne, dann nach oben, nochmal nach oben und dann nach links.
- Welche Nummer hat diese Ecke?

c) Jetzt geht die Ameise diesen Weg: von 7 nach oben, vorne, unten, links und nochmal nach unten.
- Wo kommt sie an?
- Gibt es kürzere Wege?

d) Erfinde selbst „Wanderaufgaben“ für deinen Partner.

⑤ a) Welche Form haben jeweils die Schnittflächen, wenn der Quader so durchgeschnitten wird?

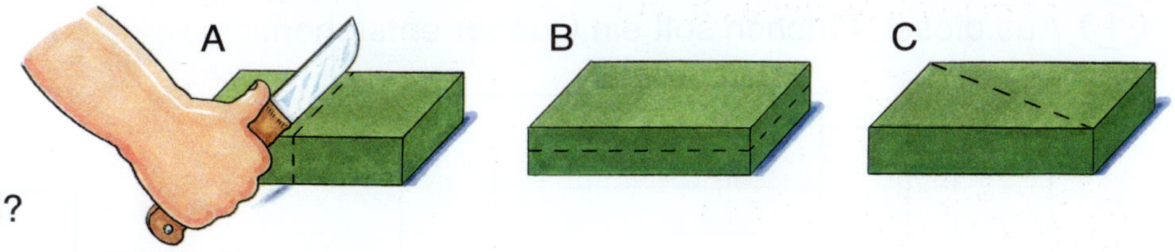

b) Wie muss man den Quader durchschneiden, damit als Schnittfläche ein Dreieck entsteht?

⑥ Geometrie im Kopf: Immer 2 Teile ergeben einen Quader.

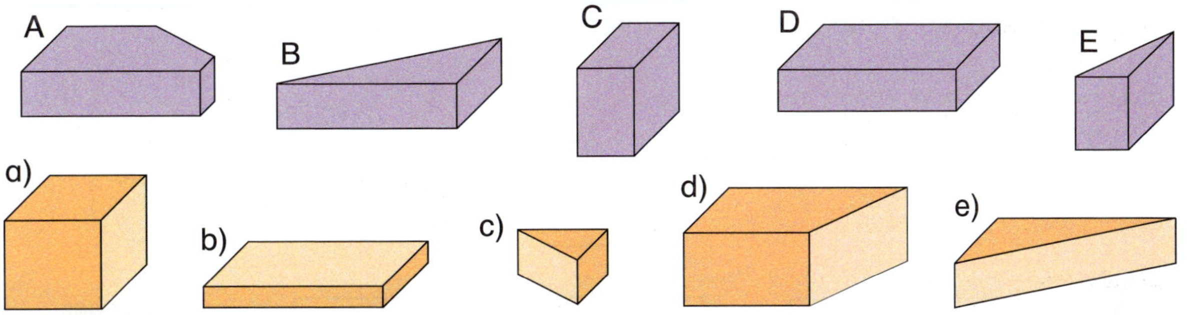

⑦ Nehmt immer 4 Streichholzschachteln und baut sie zu verschiedenen Quadern zusammen.

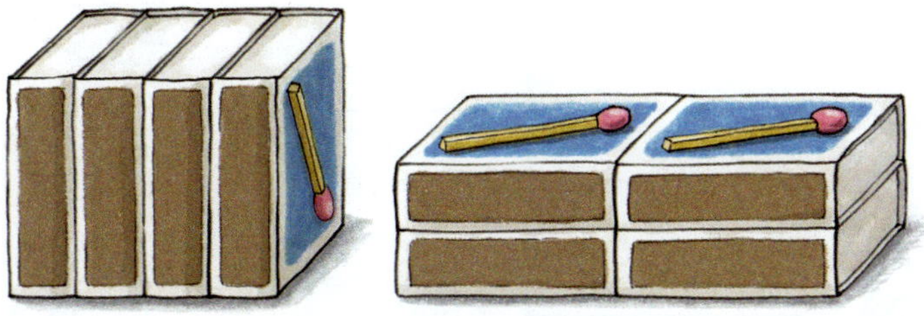

⑧ Kippe die Streichholzschachtel nach Vorschrift.
Welche Seite liegt zum Schluss jeweils oben.

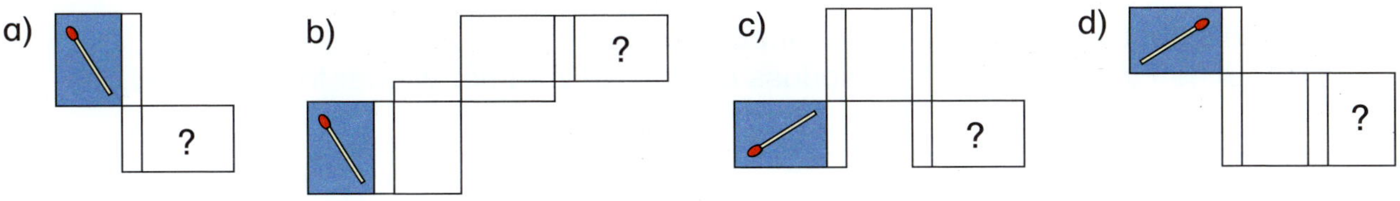

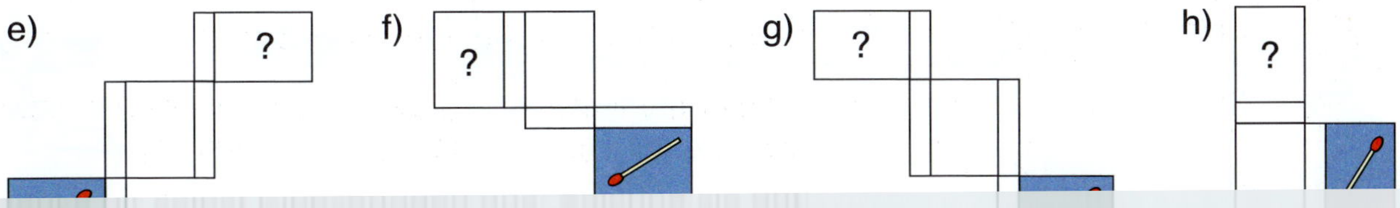

Quadernetze

(1) Aus diesen Flächen soll ein Quader entstehen.

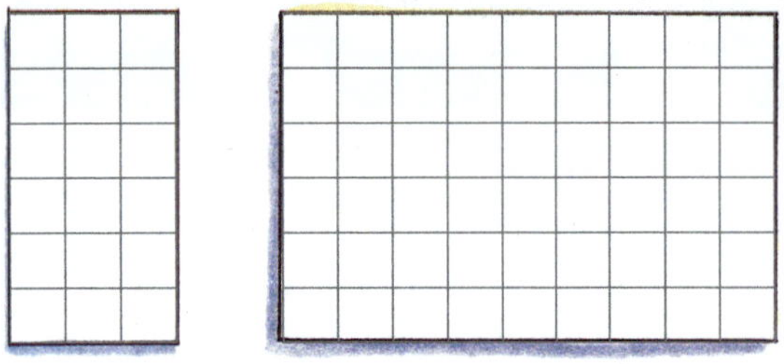

a) Zeichne diese beiden Flächen auf Karopapier und schneide sie aus.

b) Welche Flächen fehlen noch? Ergänze.

c) Klebe die Flächen. Falte sie so zusammen, dass ein Quader entsteht.

(2) Vergleicht und sortiert eure Quadernetze.
Sind Netze gleich?

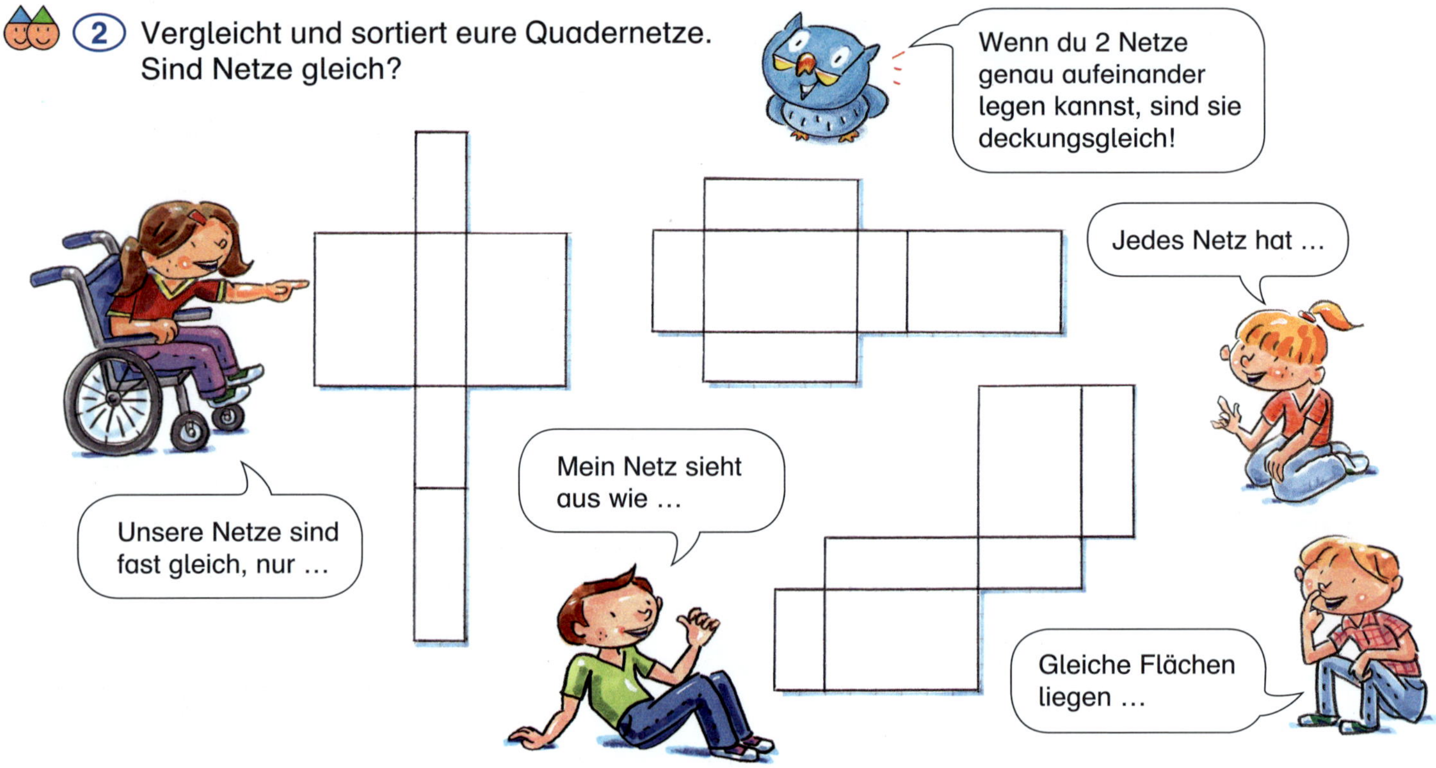

Wie viele verschiedene Quadernetze habt ihr gefunden? Vergleicht in der Klasse.
Gibt es noch mehr? Überlegt.

(3) Erfinde selbst Quadernetze und schneide sie aus.
Klebe eine Fläche im Heft fest, sodass du das Netz immer wieder falten kannst.

(4) Bauanleitung für eine Zauberkiste

Zeichne das Quadernetz auf einen farbigen Karton und schneide es aus. Denke an die Klebelaschen.

Falte aus zwei langen Streifen Tonpapier eine Hexentreppe. Klebe sie am Boden deiner Zauberkiste fest.

(5) Alles Quadernetze?
Welche Netze sind vollständige Quadernetze, welche nicht? Begründe.

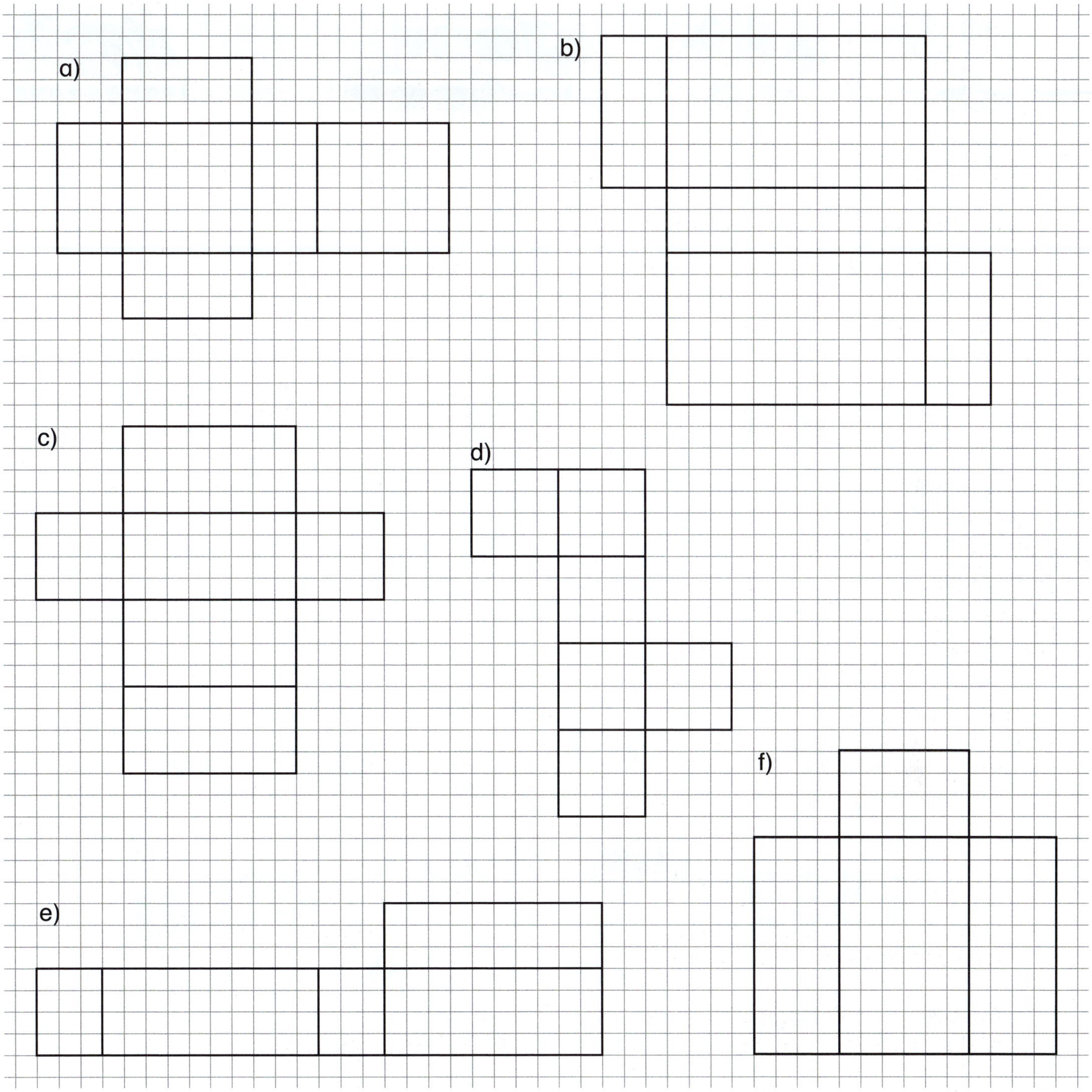

(6) a) Zeichne die Quadernetze von Aufgabe (5) auf kariertes Papier.
Zeichne auch die unvollständigen Netze und ergänze sie.
Vergleiche mit deinem Partner.

b) Färbe gegenüberliegende Flächen mit gleicher Farbe. Was fällt dir auf?

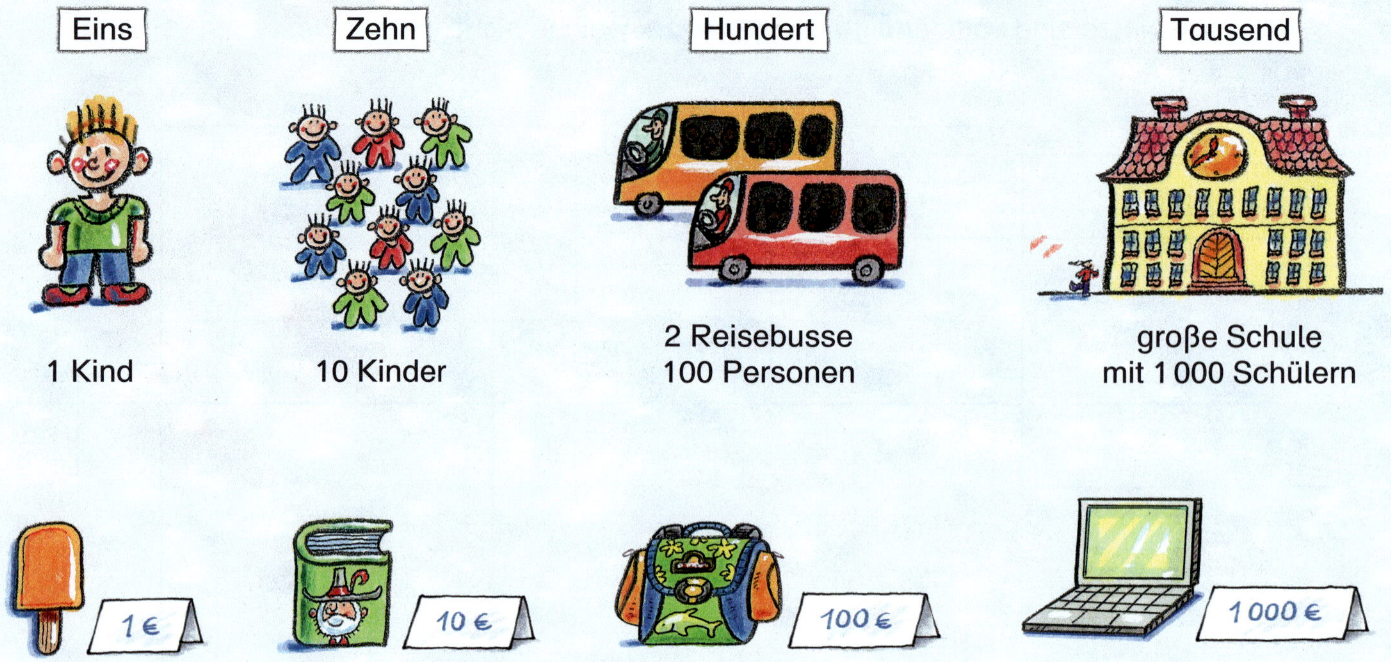

① Erzähle zu den Bildern. Kennst du noch mehr Beispiele zu 1, 10, 100, 1 000, 10 000, 100 000 und 1 000 000? Schreibe in dein 📖.

② Zahlen bis zur Million

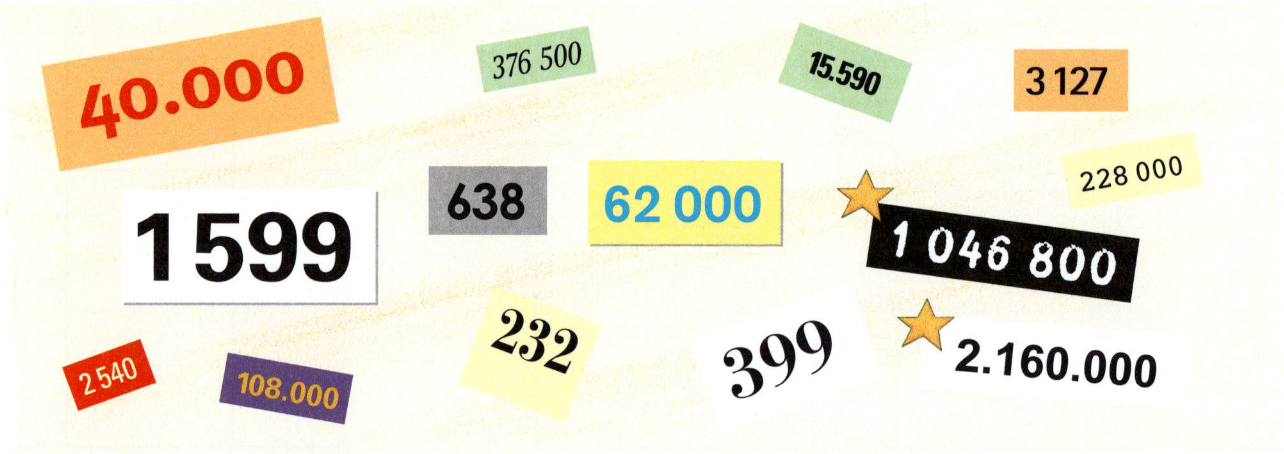

a) Welche Zahlen kannst du schon lesen? Wo können diese Zahlen vorkommen?

b) Sammelt selbst große Zahlen aus Prospekten oder Zeitschriften.

③ Zeichne eine Tabelle in dein Heft. Trage die Zahlen von Aufgabe ② ein.

AH S.35

Zehntausend	Hunderttausend	eine Million

Im Eisstadion 10 000 Menschen	Im Fußballstadion 100 000 Menschen	In München 1 000 000 Menschen

10 000 €

100 000 €

kleine Wohnung

1 000 000 €

4 Tipp zum Lesen großer Zahlen

Immer 3 Stellen gehören zusammen, immer H, Z und E:

a)

HT	ZT	T	H	Z	E
9	3	7	4	1	2

Lies: 937 (-tausend) 412

Um große Zahlen gut lesen zu können, lassen wir nach 3 Ziffern eine Lücke.

b)

M	HT	ZT	T	H	Z	E
1	9	3	7	4	1	2

1 (Million) 937 (-tausend) 412

1 937 412

5 Interessante Zahlen: Lies die Zahlen vor. Dein Partner schreibt sie auf.

333 333 | 312 312 | 102 030 | 324 423 | 777 777

620 620 | 462 462 | 212 121 | 717 171

1. Lege mit diesen Karten große Zahlen. Schreibe sie auf. Lies die Zahlen.

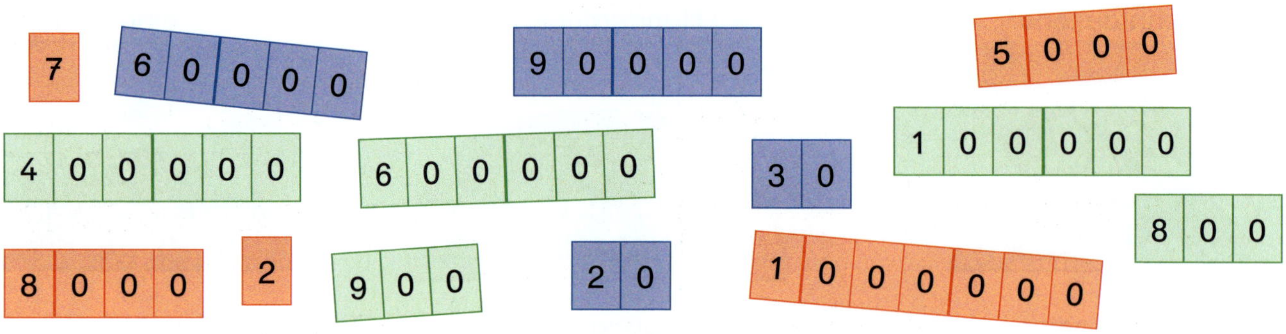

2. 678 926 | 409 321 | 972 132 | 845 285

a) Lege die Zahlen mit deinem Kartensatz nach. Schreibe auf:

678 926 = 600 000 + 70 000 + …

b) Schreibe eine Zahl auf. Dein Partner legt sie mit den Karten. Wechselt euch ab.

3. Zahlen mit Nullen

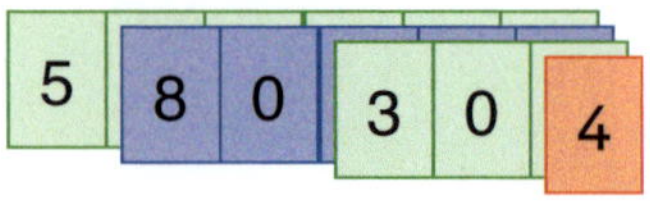

Lege die Zahl nach und lies sie.
Schreibe auf:

580 304 = 500 000 + 80 000 + 300 + 4

a)	b)	c)	★ d)
104 222	400 052	602 301	1 304 470
200 610	230 920	600 201	1 500 034
602 400	704 006	5 612	1 000 123

4 Eine Zahl – drei Schreibweisen

		M	HT	ZT	T	H	Z	E	
a)	358 714								3 HT, 5 ZT, 8 T, 7 H, 1 Z, 4 E
	507 730								
	78 142								
b)									4 HT, 2 T, 7 H, 9 Z, 4 E
									8 HT, 5 T, 9 Z, 3 E
									7 HT, 7 ZT, 8 T, 3 Z
★ c)		2	3	8	9	0	9	4	
		1	0	2	0	9	5	4	
		5	0	0	5	4	1	0	

5

M	HT	ZT	T	H	Z	E

a) Nimm 3 Plättchen. Lege verschiedene Zahlen. Schreibe sie auf.
Vergleiche mit deinem Partner. Ordne deine Zahlen. Erkennst du ein Muster?

★ b) Findest du alle 7-stelligen Zahlen, die du mit 3 Plättchen legen kannst?
Wie bist du vorgegangen? Erkläre.

6 Zahlwort-Würmer: Einer liest den Wurm vor, der Partner legt mit Zahlenkarten.
Schreibt die Zahlen auf.

vierhundertachtundneunzigtausenddreihundertzweiunddreißig

siebzehntausendsechshundertdreiundachtzig

fünfhundertsechzehntausendachthundert

sechstausenddreihundertneunundneunzig

zweiundachtzigtausendneunhundertzwölf

★ zwei Millionen siebenhundertviertausendsechshundertdreiundzwanzig

Zahlenseil und Zahlenstrahl bis zur Million

① Welche Zahlenkarten fehlen am Zahlenseil an den Knoten? Schreibe auf.

② Wo findest du diese Zahlen am Zahlenseil oder unten am Zahlenstrahl? Erkläre.

450 000 | 210 000 | 190 000 | 50 000 | 810 000 | 950 000

③ Schreibe die Zahlen auf, die zu den Strichen am Zahlenstrahl gehören:

a) zwischen 200 000 und 300 000
b) zwischen 350 000 und 400 000
c) zwischen 620 000 und 720 000

Schreibe so:

a) 210 000, 220 000, …

④ a) Nachbar-Hunderttausender:
Zwischen welchen Hunderttausendern liegen diese Zahlen? Zeige möglichst genau am Seil.

810 000 499 000 600 003
680 000 349 000 999 998
250 000 731 000 100 005

Welcher Hunderttausender liegt <u>näher</u>?
Schreibe auf.

800 000, 810 000, 900 000

b) Nachbar-Zehntausender:
Zwischen welchen Zehntausendern liegen diese Zahlen?
Welcher Zehntausender liegt <u>näher</u>?

724 000 683 000
517 000 957 000
463 519 326 543
884 627 254 972

?

720 000, 724 000, 730 000

c) Nachbarzahlen:
Wie heißen die Zahlen, die direkt neben den Knoten liegen? Schreibe auf.

99 999, 100 000, 100 001

5 Zähle in Tausenderschritten:

a) vorwärts von 207 000 bis 212 000 | 384 000 bis 391 000 | 638 000 bis 641 000

a) 207 000, 208 000, ...

b) rückwärts von 543 000 bis 538 000 | 476 000 bis 469 000 | 912 000 bis 907 000

6 Zahlenfolgen

a) 399 992, 399 994, 399 996, …, 400 006
b) 899 015, 899 010, 899 005, …, 898 980
c) 799 986, 799 991, 799 996, …, 800 021

7 Vergleiche die Zahlen. Setze ein: (<) (>) (=).

a) 890 406 ○ 984 864	b) 445 812 ○ 598 287	c) 471 945 ○ 793 856
973 024 ○ 451 006	73 598 ○ 74 612	735 825 ○ 735 825
45 719 ○ 45 719	900 243 ○ 973 649	374 028 ○ 347 082

8 Ordne die Zahlen der Größe nach. Verwende (>) oder (<).

a) 3 611, 6 301, 13 061, 361, 1 306, 63 011

b) 445 225, 444 225, 444 255, 425 000, 444 250, 442 500

c) 114 730, 147 300, 11 734, 111 473, 111 743, 144 730

361 < 1306 < ...

9 Zahlenrätsel

Meine Zahl ist 6-stellig und ungerade. Sie ist kleiner als 200 000 und hat lauter gleiche Ziffern.

Meine Zahl liegt genau in der Mitte zwischen 630 000 und 660 000.

Meine Zahl ist 6-stellig und größer als 850 000. Sie hat lauter gleiche Ziffern.

?

Kopfrechnen bis 1000000: addieren und subtrahieren

1 Schreibe die passende Aufgabe auf. Rechne.

a)

HT	ZT	T	H	Z	E	
5	3	5	2	5	4	+ 20000
7	2	4	1	3	4	+ 100000
6	5	9	8	2	0	+ 40
4	6	6	7	0	5	+ 200
1	5	0	3	6	5	+ 5000

b)

HT	ZT	T	H	Z	E	
8	2	9	6	4	7	– 400000
4	7	5	1	8	0	– 5
5	8	9	6	0	7	– 6000
7	4	2	8	0	4	– 500
3	7	4	0	8	0	– 80

535254 + 20000 = ▯

2 Bilde Additionsaufgaben. Achte auf die Stellen.

300000 | 700000 | 4000 | 70 | 90000 | 50000 | 1000 | 80 | 500 | 300 | 5 | 9

300000 + 4000 = 304000
300000 + 500 = ▯

3 Bilde Additionsaufgaben. Berechne jeweils die Summe. Achte auf die Stellen.

216234
132413

⊕

5 | 60 | 500 | 3000 | 50000 | 700000
1 | 30 | 400 | 2000 | 60000 | 400000

216234 + 5 = ▯

4 Bilde Subtraktionsaufgaben. Berechne jeweils die Differenz. Achte auf die Stellen.

578695
967588

⊖

4 | 20 | 300 | 4000 | 50000 | 400000
5 | 60 | 500 | 6000 | 60000 | 300000

578695 – 60 = ▯

AH S. 39

5 Additionsaufgaben mit vollen Zehntausendern

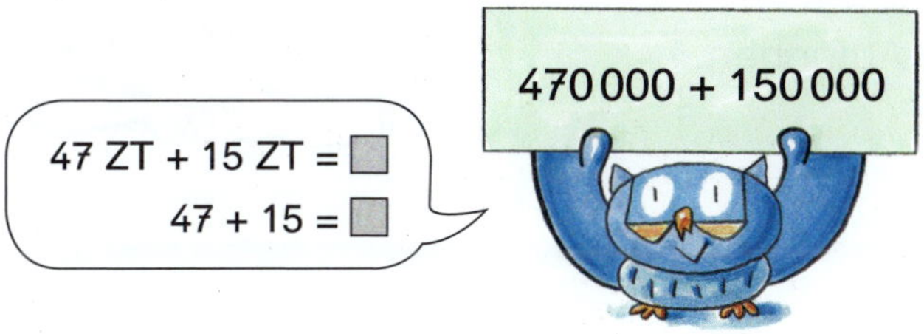

a) 470 000 + 150 000
480 000 + 350 000
670 000 + 160 000
180 000 + 660 000

b) 580 000 + 340 000
240 000 + 470 000
390 000 + 360 000
570 000 + 250 000

6 Subtraktionsaufgaben mit vollen Zehntausendern

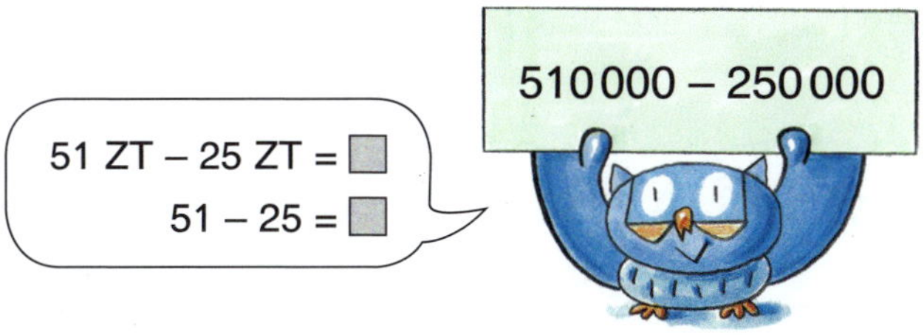

a) 510 000 – 250 000
830 000 – 670 000
430 000 – 140 000
640 000 – 270 000

b) 840 000 – 270 000
350 000 – 180 000
540 000 – 260 000
710 000 – 350 000

7 Ergänze.

100 000	
40 000	☐
38 000	☐
91 000	☐

1 000 000	
400 000	☐
380 000	☐
910 000	☐

100 000	
☐	80 000
☐	63 000
☐	41 000

1 000 000	
☐	800 000
☐	630 000
☐	410 000

8 Schriftlich oder im Kopf? Entscheide selbst und rechne.

Netze knüpfen

① Übertrage das Netz in dein Heft. Notiere weitere Aufgaben.

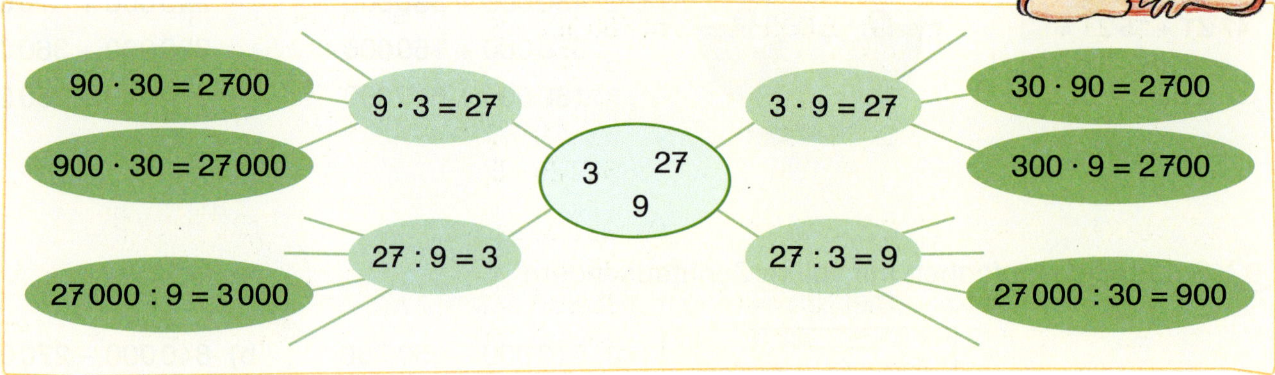

② Finde Netze zu: (32, 8, 4) (5, 45, 9) (6, 36, 6) (12, 3, ?) (?)

Die kleine Aufgabe hilft.

8 · 5 = 40
800 · 5 = 4000

③ Immer zwei Aufgaben passen gut zusammen.
Rechne und schreibe die Aufgabenpaare auf.

a)

8 · 5	7 · 7	6 · 9	3 · 2	2 · 8
60 · 90	800 · 5	3000 · 20	2 · 800	70 · 700

b)

24 : 4	63 : 7	81 : 9	27 : 3	32 : 8
8100 : 9	24000 : 4	6300 : 7	320000 : 8	2700 : 3

④ Finde Multiplikationsaufgaben zu den Ergebniszahlen.

a) **240000**

80 · 3000
30000 · 8
?
800 · 300
6000 · 40

b) 120000
c) 180000
d) 270000
e) 1000000

⑤ Finde Divisionsaufgaben zu den Ergebniszahlen.

a) **400**

28000 : 70
2400 : 6
200000 : 500
?

b) 700
c) 9000
d) 60
e) 2000

Von leichten zu schweren Aufgaben

6 Im Kopf oder halbschriftlich?

a) 6000 · 4
6100 · 4
6120 · 4
6125 · 4

b) 30 · 5000
30 · 5200
30 · 5230
30 · 5232

c) 60000 · 5
62000 · 5
62100 · 5
62120 · 5
62126 · 5

d) 18000 : 6
18600 : 6
18660 : 6
18672 : 6

e) 320000 : 4
328000 : 4
328120 : 4
328128 : 4

f) 20000 : 40
28000 : 40
28800 : 40
28880 : 40

Den Zahlenblick schulen

2 · 70 · 3 · 5 = ☐
10 · 70 · 3 = ☐
…

25 · 75 · 4 = ☐
100 · 75 = ☐
…

7 Fasse geschickt zusammen.

5 · 6 · 2 · 9	250 · 31 · 4	50 · 26 · 2	87 · 2 · 2 · 250
500 · 70 · 2	4 · 8 · 25000	2500 · 21 · 4	14 · 4 · 250

Forscheraufgaben: Was passiert, wenn …?

8 Rechne und ergänze die Sätze.

a) 1 · 7000
2 · 7000
4 · 7000
8 · 7000

4000 · 3
8000 · 3
…

2 · 100000
2 · 200000
…

Wenn eine Zahl bei einer Multiplikationsaufgabe verdoppelt wird, dann …

b) 5 · 8000
5 · 4000
5 · 2000

12000 · 3
6000 · 3
…

40000 · 8
40000 · 4
…

Wenn eine Zahl von Aufgabe zu Aufgabe halbiert wird, dann …

c) 48000 : 1
48000 : 2
48000 : 4
48000 : 8

240000 : 3
240000 : 6
…

888000 : 1
888000 : 2
…

Wenn der Teiler bei einer Divisionsaufgabe verdoppelt wird, dann …

d) 6000 : 2 60 : 4 50000 : 2 Wenn die Ausgangszahl

In dieses Gefäß passt dreimal so viel wie in mein Glas.

① Bringt Gefäße mit.

a) Schätzt und ordnet. In welches Gefäß passt am meisten Wasser?

b) Überprüft eure Schätzung durch Umfüllen.

c) Messt mit einem kleinen Glas, wie viel Flüssigkeit in die größeren Gefäße passt.

② Zum Messen von Flüssigkeiten benutzen wir häufig einen Messbecher.

- Vergleicht verschiedene Messbecher.
  Was bedeuten die Striche und Zahlen?
- Wann braucht ihr zu Hause einen Messbecher?
- Messt, wie viel Flüssigkeit in Gefäße passt, die keine Mengenangaben tragen, z. B. in einen Suppenteller, eine Tasse, …

1 Liter (l) = 1 000 Milliliter (ml)

Erinnerst du dich noch an Meter und Millimeter? Weißt du, was das lateinische Wort „mille“ bedeutet?

③ Fülle eine Literflasche:

- Wie viele Babyflaschen (250 ml) passen hinein?
- Wie viele kleine Tetrapacks (500 ml) passen hinein?
- Wie viele Sahnebecher (200 ml) passen hinein?
- Wie viele …?

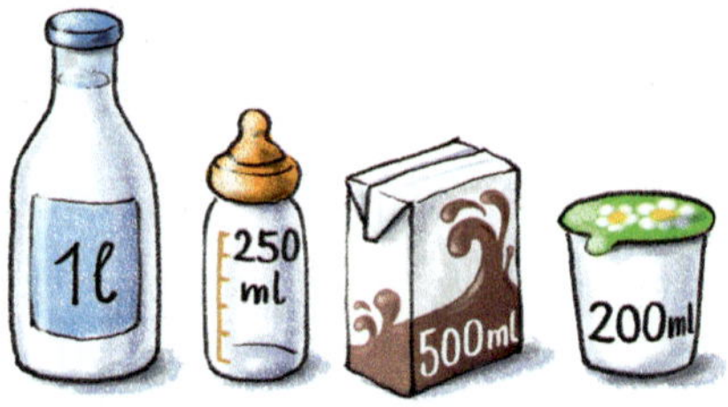

④ Auf vielen Gefäßen ist angegeben, wie viel hineinpasst. Untersuche und schreibe auf.

Saftflasche	700 ml
Milchflasche	

⑤ Ergänze auf einen Liter. Schreibe so:

250	ml	+		ml	=	1	l		

a)	b)	c)	d)	e)
250 ml	750 ml	300 ml	150 ml	20 ml
500 ml	200 ml	10 ml	25 ml	50 ml
125 ml	15 ml	4 ml	75 ml	800 ml

AH S. 41

6 Kleine Menge – große Wirkung

a) Überlege, in welchen Bereichen kleine Flüssigkeitsmengen eine Bedeutung haben. Suche Beispiele.

b) Sammle Behälter für ganz kleine Flüssigkeitsmengen.

c) Finde heraus, wie viel Flüssigkeit die Behälter enthalten können. Schreibe auf.

7 Spannende Experimente

a) **Wie viele 10-ml-Spritzen kannst du aufziehen?**

Fülle einen Becher mit Wasser. Schätze und probiere aus. Wie viele ml Wasser waren im Becher?

b) **Wie viele Esslöffel Wasser passen in einen Joghurtbecher?**

Schätze und probiere aus. Vergleiche mit einem Teelöffel.

c) **Wie viel Wasser kann ein Waschlappen aufsaugen?**

Schätze und probiere aus. Lege den Lappen in einen vollen Messbecher und nimm ihn wieder heraus. Vergleiche mit einem Schwamm, einem Küchentuch, …

8 Kleine Mengen – schwierige Aufgaben?

a) In einem Fläschchen Medizin befindet sich eine Pipette, mit der man halbe und ganze Milliliter abmessen kann.

Johannes nimmt an 30 Tagen jeweils einen halben Milliliter morgens und einen halben Milliliter abends ein. Dann ist die Flasche leer. Wie viel Flüssigkeit war in dem vollen Fläschchen?

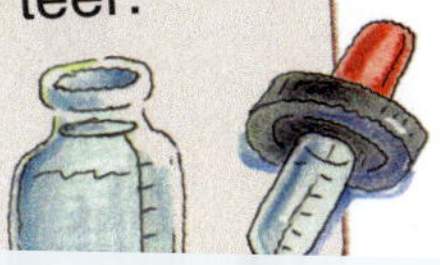

b) In einer Tintenpatrone ist ca. 1 ml Tinte.

6 Patronen kosten ungefähr 1,95 €. In einem Tintenfass zum Nachfüllen sind etwa 30 ml Tinte. Es kostet etwa 3,95 €. Vergleiche.

c) Eine Flasche Hustensaft enthält 300 ml. Du musst davon morgens, mittags und abends einen Messlöffel (5 ml) nehmen. Wie viele Tage reicht der Hustensaft?

Flüssigkeiten schätzen und messen

Fruchtzauber
Rezept für 8 Personen
$\frac{3}{4}$ l Orangensaft
$\frac{1}{2}$ l Apfelsaft
$\frac{1}{4}$ l Kirschsaft
1 l Mineralwasser
1 Dose Mandarinen

ein viertel Liter
$\frac{1}{4}$ l = ☐ ml

ein halber Liter
$\frac{1}{2}$ l = ☐ ml

ein ganzer Liter
1 l = ☐ ml

ein dreiviertel Liter
$\frac{3}{4}$ l = ☐ ml

① Ganze, halbe, viertel und dreiviertel Liter

a) Ordne die Kärtchen den Messbechern zu.

b) Wie viele ml sind 1 l, $\frac{1}{2}$ l, $\frac{1}{4}$ l und $\frac{3}{4}$ l? Schreibe auf.

c) Vergleiche die Saftmengen im Rezept.
Verwende die Wortkarten.

1 l	1	0 0 0	m	l
$\frac{1}{2}$ l	…			

doppelt so viel | halb so viel | passt 3-mal in … | passt 4-mal in … | ?

② Suche Gefäße, die genau diese Mengen fassen:
Wie kannst du mit diesen Gefäßen genau 1 Liter füllen?

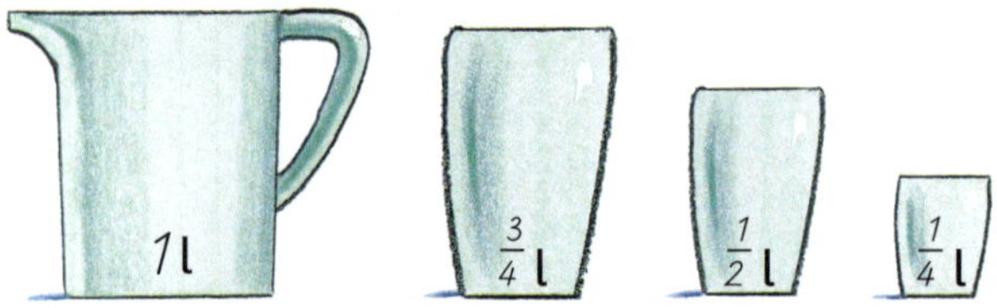

Schreibe so:

1 l = $\frac{1}{2}$ l + …

1 l = $\frac{1}{4}$ l + … + …

…

③ Vergleiche mit (<) (>) (=).

a) $\frac{3}{4}$ l ◯ 750 ml
$\frac{1}{2}$ l ◯ 550 ml

b) 650 ml ◯ 650 l
$\frac{1}{4}$ l ◯ 125 ml

c) 350 ml ◯ $\frac{1}{4}$ l
86 ml ◯ 68 ml

250 ml = $\frac{1}{4}$ l

500 ml = $\frac{1}{2}$ l

750 ml = $\frac{3}{4}$ l

1 000 ml = 1 l

10 l

AH S. 42

(4) Suche Gefäße zu 250 ml, 500 ml, 750 ml, 1 l, 10 l.
Gestalte Seiten in deinem [Heft].

(5) Schätze und begründe: Wie viele Liter passen in eine Badewanne (in einen Kochtopf, in eine Gießkanne …)?

(6) Können diese Aussagen stimmen?

- In einen 10 l-Eimer passt der Inhalt von 14 Packungen Milch.
- Aus einer Flasche Wasser bekommt man 4 Gläser.
- Eine Kakao-Packung reicht für 10 Kinder.

(7) Empfohlene Getränkemenge pro Tag:

Alter	ml/Tag
1 Jahr	600 ml
2–3 Jahre	800 ml
4–6 Jahre	900 ml
7–9 Jahre	1 000 ml

Alter	ml/Tag
10–12 Jahre	1 200 ml
13–14 Jahre	1 300 ml
15–18 Jahre	1 500 ml

a) Wie viel sollst du jeden Tag trinken?

b) Schreibe einen Tag lang auf, wie viel und was du trinkst. Hast du genügend getrunken?

Frühstück : 1 Tasse Milch 200 ml

Pause : …

(8) Rechne.

a) Aus einer Orange kann man ungefähr 100 ml Saft pressen. Wie viele Orangen braucht man für 1 l?

b) Ein großer Laubbaum braucht etwa 100 l Wasser am Tag. Wie viel Wasser braucht ein kleiner Wald mit 25 Bäumen in einer Woche?

c) Ein Walbaby braucht am Tag 500 l Milch. Im Supermarkt sind in einem Karton 12 Packungen Milch. Jede Packung Milch enthält 1 l. Wie viele Kartons müsste man kaufen, um ein Walbaby einen Tag lang mit Milch zu versorgen?

d) Johannes füllt aus einer 1-Liter-Flasche 3 Gläser zu je $\frac{1}{4}$ l. Wie viel Saft bleibt in der

e) Eine Kuh gibt im Durchschnitt 24 l Milch am

Wasser ist kostbar

1 Wasserverbrauch einer Person pro Tag

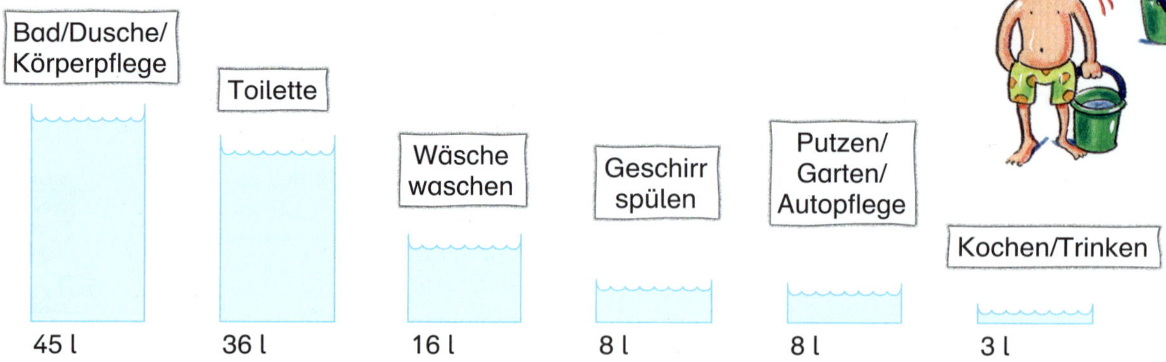

a) Was kannst du aus dem Schaubild ablesen?

b) Wie viel Wasser verbraucht jeder Bürger durchschnittlich pro Tag? Überschlage und überprüfe.

c) Was bedeutet „durchschnittlicher“ Wasserverbrauch pro Tag? Erkläre.

d) Vergleiche die Wassermenge für Hygiene und Sauberkeit mit der Wassermenge für die Ernährung.

2 Stelle dir vor, man würde die Wassermenge, die eine Person pro Tag verbraucht, in Eimer füllen.
Wie viele 10 l-Eimer wären nötig?
Schätze.

3 Berechnet den ungefähren Wasserverbrauch einer drei- und einer vierköpfigen Familie, eurer Schulklasse und aller Schüler eurer Schule für einen Tag und für einen ganzen Monat.

a) Wie seid ihr auf die Lösungen gekommen? Vergleicht eure Rechenwege.

	Anzahl	Tag	Monat (30 Tage)
Personen	1	116 l	
Familie mit 3 Personen	3		
Familie mit 4 Personen	4		
Schulklasse			
Schüler deiner Schule			

b) Informiert euch über das Fassungsvermögen von bekannten Schwimmbädern. Vergleicht mit den Zahlen aus der Tabelle.

4 Wasser ist kostbar. Wie kann man Wasser sparen? Schreibt Tipps auf und informiert euch, wie viele Liter Wasser bei jedem Tipp gespart werden können.

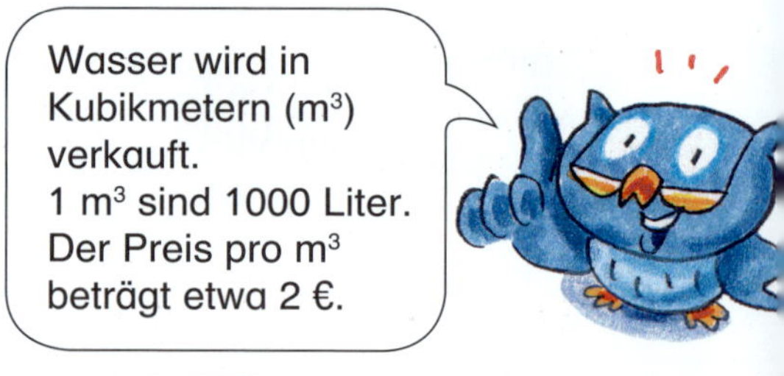

AH S. 43

5 Findet Rechenfragen zu diesen Texten.
Rechnet und vergleicht eure Lösungswege.

A

Ich gehe 5-mal pro Tag zur Toilette. Für jeden Spülgang brauche ich 9 l Wasser.

1 Spülgang normal 9 l
1 Spülgang „SPAR“ 6 l

B

Meine Zähne putze ich 2-mal täglich. Die Woche hat 7 Tage. Das Jahr hat 52 Wochen + 1 Tag.

1-mal Zahnpflege $\frac{1}{2}$ l

C

In unserer Familie wird 2-mal in der Woche gebadet. Johannes und Jeremias baden zusammen in einer Wanne. Mama und Papa jeweils extra.

1 Vollbad 140 – 180 l

D

Wenn ich dusche, brauche ich 8 Minuten.

1 Duschbad 60 – 90 l
Duschwasserzulauf 12 l pro min

E

In eine Gieβkanne passen 10 l Wasser. Unser Regenfass fasst 500 l.

F

Frau Mader hat 3 Kinder. Nach dem Spielen im Freien fällt viel Dreckwäsche an. Sie wäscht 6-mal pro Woche, davon 3-mal normal und 3-mal im Sparprogramm.

Normalprogramm 120 l
Sparprogramm 80 l

G

Das Ehepaar Klaus spült 4-mal pro Woche mit der Spülmaschine im Sparprogramm und jeden Tag einmal mit der Hand.

Spülmaschine:
Normalprogramm 45 l
Sparprogramm 25 l
Handwäsche 10 l
(Geschirr)

H

Familie Böhm spült alles mit der Hand und braucht am Tag dafür 40 l Wasser. Erstelle eine Tabelle für „pro Woche“ und „pro Jahr“.

Wie ist das bei dir zuhause?

1-mal Händewaschen 3 l
Morgenwäsche 5 l

Gemüse waschen 3 – 5 l
Obst waschen 2 – 4 l

Kochen 1 l
(Kartoffeln für 4 Personen)

Tee kochen 1 l
1 Tasse 200 ml

1 Lies die Zahlen und schreibe die Rechnung auf.

3 7 2 4 1 8

300 000 + 70 000 + 2 000 + 400 + 10 + 8 =

a) 3 7 5 4 2 1 4 2 8 3 1 4 5 2 6 1 0 8

b) 4 3 1 7 2 3 8 1 0 4 2 9 2 1 8 4 3 0

2 Eine Zahl – drei Schreibweisen

	M	HT	ZT	T	H	Z	E	
675 391		6	7	5	3	9	1	6 HT, 7 ZT, 5 T, 3 H, 9 Z, 1 E
540 786								
		9	8	4	2	3	5	
								5 HT, 3 ZT, 8 H, 7 Z, 1 E
★	1	4	0	1	3	1	5	

3 Ergänze.

4 Bilde Additions- und Subtraktionsaufgaben. Achte auf die Stellen.

5 5 1 6 7 4 ⊕ 300 000 4 000 20

6 4 4 5 3 7 ⊖ 40 000 1 300

5 Additionsaufgaben mit vollen Zehntausendern

38 ZT + 14 ZT = ☐
38 + 14 = ☐

a) 380 000 + 140 000	b) 480 000 + 370 000
670 000 + 240 000	290 000 + 260 000
360 000 + 470 000	370 000 + 150 000

380 000 + 140 000

6 Subtraktionsaufgaben mit vollen Zehntausendern

62 ZT – 25 ZT = ☐
62 – 25 = ☐

a) 620 000 – 250 000	b) 630 000 – 250 000
730 000 – 670 000	510 000 – 370 000
420 000 – 240 000	430 000 – 140 000

620 000 – 250 000

7 Rechne schriftlich.

a) 365 289 + 79 369	b) 99 327 – 67 982	c) 298 937 + 326 488
270 018 + 408 599	486 035 – 293 260	74 656 + 546 367
509 746 + 1 037	218 308 – 9 569	624 352 – 8 786
48 493 + 247 786	702 863 – 27 497	805 230 – 72 561

8 Mit großen Zahlen multiplizieren: Die kleine Aufgabe hilft.

4 000 · 20

4 · 2 = 8

a) 4 000 · 20	b) 70 000 · 3	c) 9 000 · 60
600 · 40	8 000 · 50	80 000 · 3

9 Mit großen Zahlen dividieren: Die kleine Aufgabe hilft.

a) 2 800 : 7	b) 350 000 : 7	c) 21 000 : 7

Schriftlich multiplizieren

Ich multipliziere zuerst die E, danach die Z und dann die H.

Ich schreibe nur die Ergebnisse auf.

Ich rechne so: 6 · 6 E = 36 E, …

Ich notiere die 6 E, die 3 Z merke ich mir.

1 a) Wie hast du gerechnet?
Wie haben die Kinder gerechnet? Vergleicht.

b) Amelie hat schriftlich multipliziert.
So hat sie gerechnet:

Die 3 Z merke ich mir mit den Fingern.

H Z E		
2 1 6 · 6	6 mal 6 E = 36 E	6 an, 3 gemerkt
T H Z E	6 mal 1 Z = 6 Z	6 + 3 = 9; 9 an
1 2 9 6	6 mal 2 H = 12 H	12 an

2 Rechne schriftlich.

a) 117 · 5
314 · 3

b) 215 · 4
217 · 3

c) 119 · 4
312 · 6

d) 123 · 4
229 · 3

476, 492, 585, 651, 687, 860, 942, 1 872

3 Vorsicht! Hier gibt es manchmal zwei Überträge.

a) 174 · 4
292 · 3

b) 312 · 3
253 · 6

c) 521 · 9
126 · 6

d) 617 · 2
431 · 8

696, 756, 876, 936, 1 234, 1 518, 3 448, 4 689

4 Überschlage wie Eulalia und rechne.

Ich rechne mit glatten Hundertern. So erhalte ich ein ungefähres Ergebnis.

a) 394 · 6
796 · 3
412 · 7
233 · 4

b) 409 · 6
883 · 2
631 · 5
994 · 8

c) 289 · 8
287 · 4
998 · 7
438 · 6

5 Überschlage und rechne.

a) 123 · 2
234 · 3
345 · 4
…

b) 882 · 2
883 · 3
884 · 4
…

c) 987 · 6
876 · 5
765 · 4
…

d) 999 · 9
888 · 8
777 · 7
…

e) 101 · 9
202 · 8
303 · 7
…

Fällt dir bei e) an den Ergebnissen etwas auf?

⑥ Überlege dir mithilfe des Überschlags, welche Zahlen Ergebniszahlen sein können. Begründe deine Vermutung. Überprüfe durch die Rechnung.

a) 424 · 8

Ü: 400 · 8 = 3200

3192 3502 4000 32672 3092 3392

b) 373 · 4

Ü: 400 · 4 = 1600

1612 1601 152 1492 1692 1282

c) 546 · 7

4100 4300 3400 3522 3822 3100

⑦ Vorsicht Nullen! Überschlage und rechne.

a) 607 · 8	b) 170 · 3	c) 1402 · 5	d) 2181 · 5	e) 3703 · 8
409 · 3	7060 · 7	6525 · 6	8508 · 8	6075 · 8

⑧ Berichtige die Fehler in den Lupen. Rechne die weiteren Aufgaben. Welcher Tipp passt zu welcher Lupe?

a) 

573 · 4	997 · 5	385 · 6
682 · 6	846 · 4	777 · 2

b) 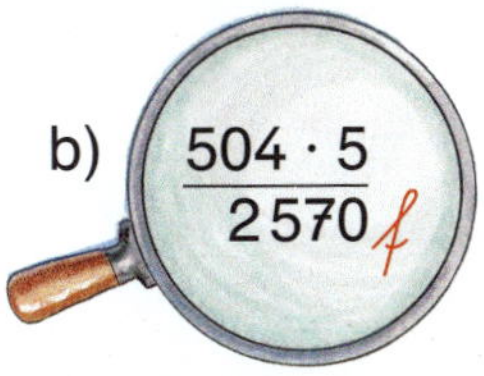

308 · 5	202 · 5	370 · 8
920 · 2	109 · 6	580 · 4

Gemerktzahlen mit den Fingern zeigen

Auf die Stellen achten

Multiplikationsaufgaben mit 0 richtig lösen

AH S. 47

1

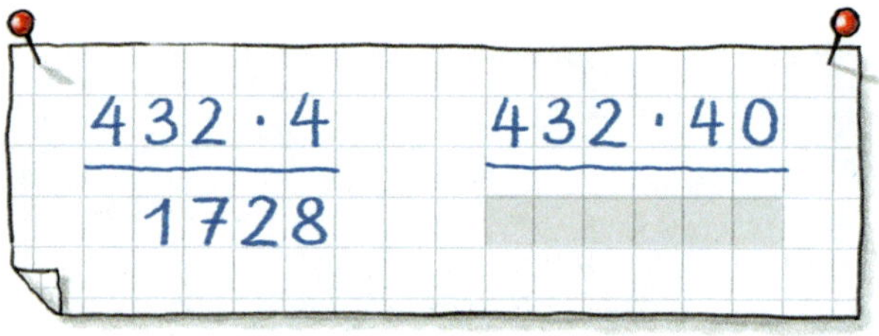

a) Wie verändert sich das Ergebnis, wenn du (· 40) rechnest? Erkläre.

b) Wie verändert sich das Ergebnis, wenn du (· 400) rechnest? Erkläre.

2 Bilde alle möglichen Multiplikationsaufgaben und rechne.
Was fällt dir auf?

428 367 119

· 6 · 60 · 600

· 8 · 80 · 800

3 Mit welchen dieser Zahlen muss multipliziert werden, damit die Ergebnisse stimmen?
Ergänze und rechne.

· 30 · 40 · 50

· 300 · 400 · 500

441 · ☐ = 22 050	271 · ☐ = 10 840	652 · ☐ = 19 560	173 · ☐ = 8 650
441 · ☐ = 220 500	271 · ☐ = 108 400	652 · ☐ = 195 600	173 · ☐ = 86 500

4 Woher kommt hier die Null an der Einerstelle im Ergebnis?

a) 3255 · 6 b) 8272 · 5 c) 2865 · 4
d) 2026 · 5 e) 8105 · 4 f) 6702 · 5

32 420 19 530 33 510 11 460 41 360 10 130

★ Finde selbst Aufgaben, die im Ergebnis eine, zwei, … Null(en) haben.

5 Lückenaufgaben

a) Welche Zahl muss in die Lücke? Erkläre.

6 7 □ · 4
2 7 0 4

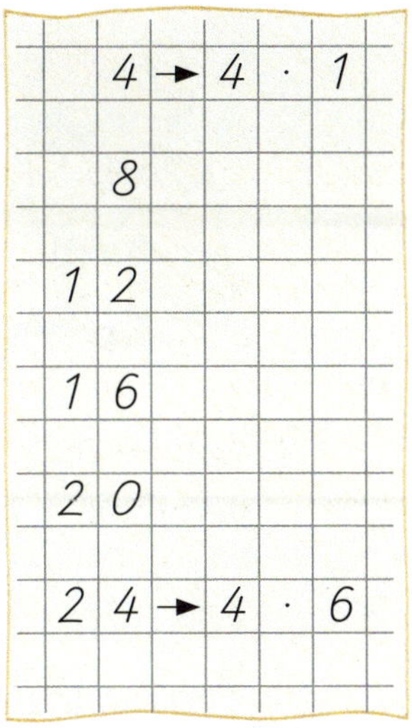

b) Fülle die Lücken.

5 2 □ · 3	2 5 □ · 7	3 9 □ · 3	9 □ 2 · 4	□ 4 2 · 6
1 5 7 2	1 7 9 9	1 1 8 8	3 9 2 8	2 0 5 2

6 Fülle die Lücken.

> 7 · 2 = 14
> 4 an, 1 gemerkt.
> Die 1 muss ich mir
> von der 8 wegdenken.

a) 8 □ 2 · 7	b) □ 3 □ · 5	c) 8 □ 7 · 4	d) 8 □ 9 · 8
5 □ 8 4	4 6 8 0	3 2 6 □	□ 1 9 2
e) □ 6 8 7 · 3	f) 1 □ 0 9 · 8	g) 2 □ 5 6 · 8	h) □ 7 6 4 · 6
1 7 □ □ □	9 □ □ □	1 8 8 □ 8	1 6 5 □ 4

7 Rechnen mit Riesenzahlen: Rechne schriftlich.

a)	b)	c)	d)
29614 · 30	3463 · 50	341 · 300	1021 · 600
32154 · 20	2211 · 90	544 · 700	678 · 500
5264 · 60	7219 · 60	4229 · 200	742 · 700
6321 · 50	10328 · 40	422 · 900	876 · 900

8 Rechne so viele Aufgaben, bis du ein Muster erkennst, in deinem 📖.
Vermute das Ergebnis der letzten Aufgabe und überprüfe es durch Nachrechnen.
Beschreibe das Muster.

a)	b)	c)
9 · 9	1 · 8 + 1	8 · 9 + 5
98 · 9	12 · 8 + 2	87 · 9 + 4

Schriftlich multiplizieren mit großen Zahlen

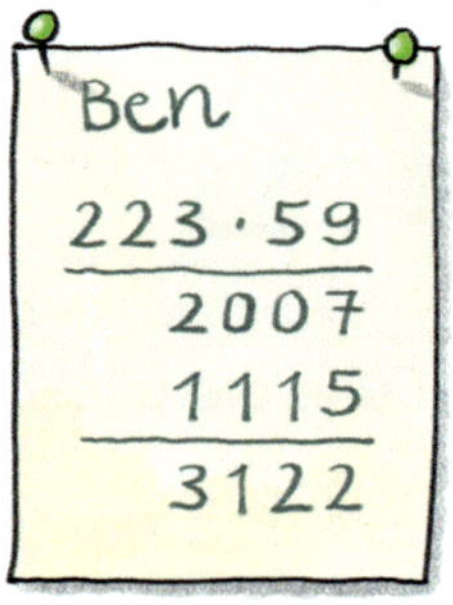

① a) Wie rechnest du? Erkläre deinen Weg. Vergleicht.

b) Wie rechnen die Kinder? Erkläre die Lösungen von Leon, Amelie und Clara.

c) Wie unterscheiden sich die Rechenwege von Leon und Clara?

d) Wo steckt der Fehler bei der Rechnung von Ben?

② Rechne auf deinem Weg.

a)	b)	c)	d)	★ e)
67 · 43	702 · 46	897 · 23	6421 · 61	309 · 245
93 · 81	229 · 37	536 · 77	7642 · 24	408 · 514
76 · 53	608 · 89	747 · 44	9574 · 31	505 · 715

2881, 4028, 7533, 8473, 20631, 32292, 32868, 41272, 54112, 75705, 183408, 209712, 296794, 361075, 391681

③ a) Berichtige die Fehler in den Lupen.

A

B

C

D

b) Welcher Tipp passt zu den Fehlern in den Lupen?

Einmaleins üben	Gemerktzahlen mit den Fingern zeigen	Jede Stelle multiplizieren	Auf die Stellen achten	Dein Tipp?

④ Rechne.

a)	b)	c)	★ d)
98 · 45	807 · 35	5927 · 31	401 · 138
71 · 53	137 · 28	6892 · 23	509 · 297
46 · 62	909 · 71	4391 · 28	803 · 357

2852, 3763, 3836, 4410, 28245, 64539, 122948, 158516, 183737
55338, 151173, 286671

5 Lege mit den Ziffernkarten 5 6 7 8 9 eine dreistellige und eine zweistellige Zahl.
Multipliziere die beiden Zahlen.

a) Finde mehrere Aufgaben.

b) Lege die Karten so, dass an der Einerstelle im Ergebnis eine 0 steht.

c) Lege die Karten so, dass das Ergebnis möglichst klein ist.

d) Lege die Karten so, dass das Ergebnis möglichst groß ist.

e) Lege die Karten so, dass …

6 Aufgaben mit Drehzahlen

a) 34 · 86
43 · 68

b) 12 · 42
21 · 24

c) 12 · 84
21 · 48

d) 31 · 26
13 · 62

Was fällt dir auf? Ist das bei allen Drehzahlen so?

7 Wie kannst du hier geschickt rechnen?

a) 8 · 5872
9 · 2541
4 · 3593

b) 2 · 3763
3 · 1579
6 · 2693

c) 4 · 8532
5 · 6987
8 · 1957

d) 6 · 2356
7 · 8215
3 · 1960

4737, 5880, 7526, 14136, 14372, 15656, 16158, 22869, 34128, 34935, 46976, 57505

8 Fülle die Lücken.

a) 3 6 3 · 2 7
□ 2 6
2 5 □ 1
□□□□

b) 7 □ 6 · 4 3
2 9 8 4
2 2 3 □
□□□□□

c) □ 1 2 · 1 6
9 1 2
5 4 7 2
□□□□□

d) 8 □ 3 · 6 5
□□ 3 8
4 1 1 □
□□□□□

9 Im Kopf oder schriftlich? Begründe.

a) 250 · 40
125 · 8
236 · 31

b) 45 · 23
125 · 80
20 · 50

c) 300 · 7
436 · 3
250 · 60

d) 25 · 400
500 · 30
697 · 60

10 Löse die Aufgabenpaare. Was fällt dir auf?

(1) Aufgabenpaare: Ordne die Aufgaben. Erkläre.

30 · 30	40 · 40	20 · 20	300 · 300	500 · 500
29 · 31	19 · 21	39 · 41	299 · 301	499 · 501

a) Welche Aufgaben kannst du im Kopf lösen?
Vermute, welches Ergebnis die anderen Aufgaben haben könnten.

b) Berechne die Aufgabenpaare. Was fällt dir auf?

c) Ist das immer so? Erfinde selbst solche Aufgabenpaare.
Besprecht eure Entdeckungen in der Gruppe.

Das Ergebnis der Quadrataufgabe ist immer …

Der Unterschied zwischen den Ergebnissen ist …

?

d) Gilt die Regel auch bei kleinen Aufgaben wie 3 · 3 oder 5 · 5?
Rechne, überlege und erkläre am Punktefeld.

3 · 3 = 9

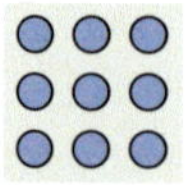

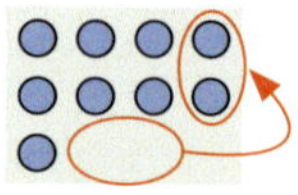

Für 2 · 4 muss ich …
1 Plättchen ….

(2) Andere Aufgabenpaare

30 · 30	20 · 20	40 · 40	300 · 300
28 · 32	18 · 22	38 · 42	298 · 302

a) Welche Aufgaben kannst du im Kopf lösen?
Vermute, welches Ergebnis die anderen Aufgaben haben könnten.

b) Berechne die Aufgabenpaare. Was fällt dir auf?

c) Ist das immer so? Erfinde selbst solche Aufgabenpaare.
Besprecht eure Entdeckungen in der Gruppe.

d) Was vermutest du bei diesen Aufgaben?
Schreibe deine Vermutung auf.
Rechne nach.

30 · 30 27 · 33

Der Unterschied der Ergebnisse ist …

AH S.49

③ Reihen fortsetzen

- 20 · 20
- 19 · 21
- 18 · 22
- 17 · 23
- 16 · 24
- …

a) Berechne die Aufgaben.
Erkennst du ein Muster?

b) Setze die Reihe fort.
Vermute, wie das nächste Ergebnis heißen könnte.
Überprüfe deine Vermutung durch Rechnen.

c) Besprich deine Entdeckungen mit deinem Partner.

Die Ergebnisse werden immer …

Der Unterschied wird immer …

④ Beginne mit unterschiedlichen Aufgaben. Berechne die Reihen.

30 · 30	40 · 40	300 · 300	?
29 · 31	39 · 41	299 · 301	
28 · 32	…	…	
…			

Vergleicht die Muster bei den Ergebnissen.

⑤ Rechne die leichte Aufgabe. Löse die andere Aufgabe durch Überlegen.

a)	60 · 60	200 · 200	500 · 500	80 · 80
	59 · 61	199 · 201	499 · 501	79 · 81
b)	50 · 50	600 · 600	100 · 100	90 · 90
	48 · 52	602 · 598	98 · 102	92 · 88

Beim Einkaufen – Rechnen mit Kommazahlen

(1) Die Kinder einer vierten Klasse kaufen auf dem Markt Zutaten für einen exotischen Fruchtsalat. Paul, Marlene und Bea besorgen 3 Ananas. Sie überlegen, wie viel sie bezahlen müssen.

a) Erkläre, wie die Kinder gerechnet haben.

b) Diese Früchte haben andere Kinder eingekauft.

4 Mangos	3 Netze Orangen	2 Zitronen
8 Kiwis	3 Honigmelonen	3 Schalen Erdbeeren

Berechne die Gesamtpreise für die einzelnen Obstsorten.

c) Was kostet der Einkauf insgesamt? Denke auch an die Ananas.

d) Aus welchen Früchten besteht ein Obstsalat aus deiner Heimat? Ist das zu jeder Jahreszeit gleich?

(2) Anna hat auf dem Markt 4 Schalen Himbeeren gekauft. Insgesamt musste sie 9,96 € bezahlen. Auf dem Weg nach Hause sieht sie ein Preisschild: „Himbeeren im Angebot – Schale 2,55 €“. Sie überlegt: „Wie viel habe ich wohl für jede Schale bezahlt?“

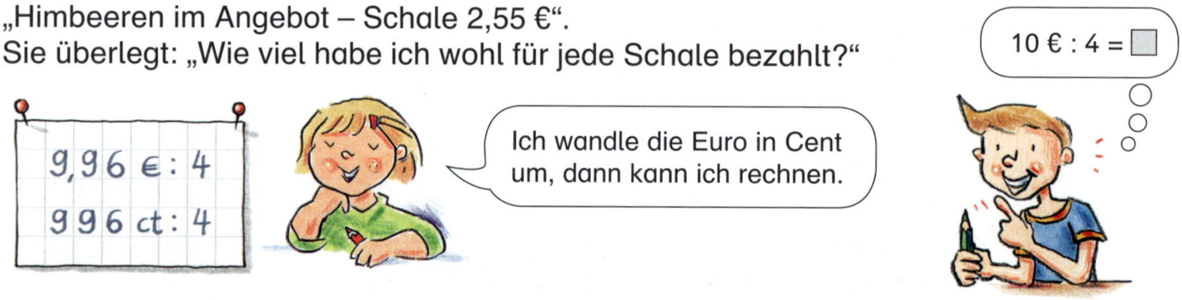

(3) a) Paul hat 1 Sternfrucht, 2 Mangos und 2 Zitronen gekauft. Er hat insgesamt 6,35 € bezahlt. Zu Hause überlegt er, wie viel er wohl für die Sternfrucht bezahlt hat.

b) Marlene hat 4 Kiwis, 1 Ananas und 1 Honigmelone in ihrem Einkaufskorb. Sie hat 10 € dabei. Reicht das Geld noch für 3 Beutel Mandelsplitter für je 1,19 €?

Günstige Angebote?

(4) Oft kann man größere Mengen günstiger einkaufen.
Wie viel sparen die Käufer, wenn sie das Angebot nutzen?

a) Susanne kauft 3 Brezen.

b) Paul nimmt 5 Semmeln.

c) Familie Weber kauft 10 Semmeln und 3 Quarktaschen.

d) Herr Maier kauft 10 Quarktaschen.

e) Wie würdest du 9 Semmeln kaufen? Wie 7 Quarktaschen? Begründe.

Ist es immer sinnvoll, die größere Menge einzukaufen?

(5) Preise vergleichen lohnt sich.

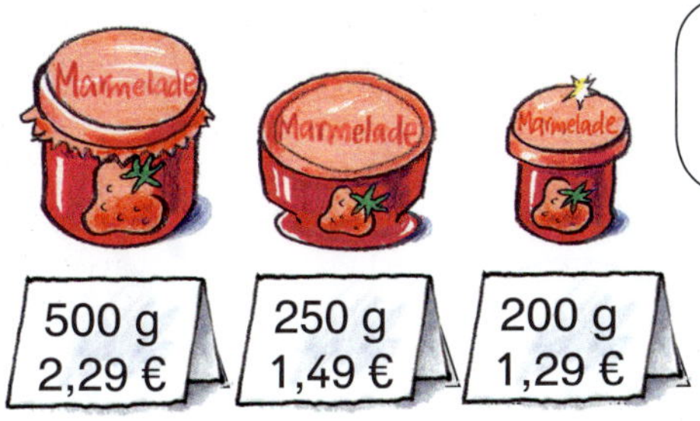

Überlege, rechne und erkläre. Eine Tabelle hilft dir.

Marmelade 500 g	
500 g	2,29 €
1 000 g	

Marmelade 250 g	
250 g	1,49 €
500 g	
1 000 g	

Marmelade 200 g	
200 g	1,29 €
400 g	
800 g	
1 000 g	

(6) Beim Vergleichen helfen Grundpreise. Sie werden für 100 g, 1 kg oder 1 l angegeben.

a) Berechne die Grundpreise für die verschiedenen Mengen.

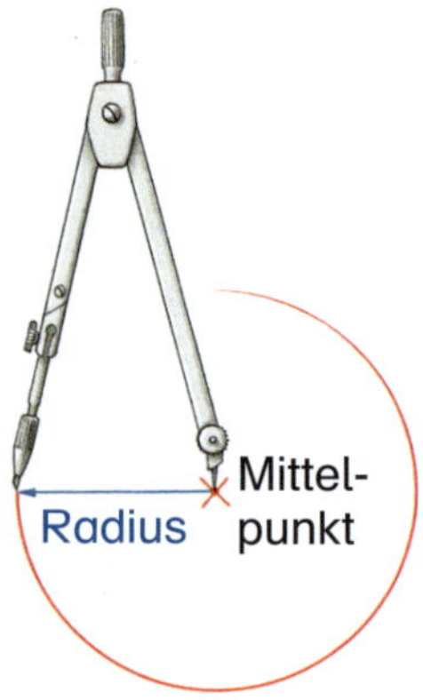

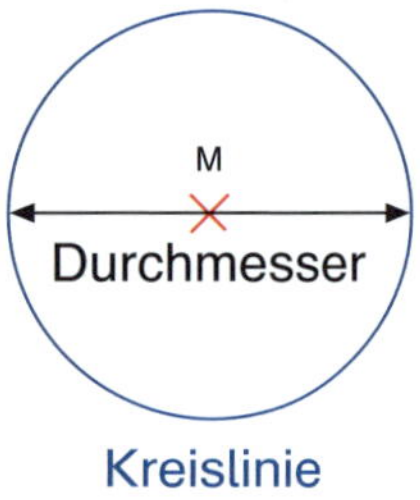

Kenneth Noland:
Half (acrylic on canvas)

Robert Delaunay:
Endloser Rhythmus

(1) Markiere einen Mittelpunkt. Stich mit der Nadel dort ein und zeichne verschieden große Kreise. Vergleiche mit dem Bild von Kenneth Noland.

(2) a) Zeichne Kreise mit einem Radius von 3 cm, 4 cm, 5,5 cm.

b) Zeichne einen Kreis mit dem Durchmesser 4 cm.

(3) Schöne Figuren – so können sie entstehen:

a)

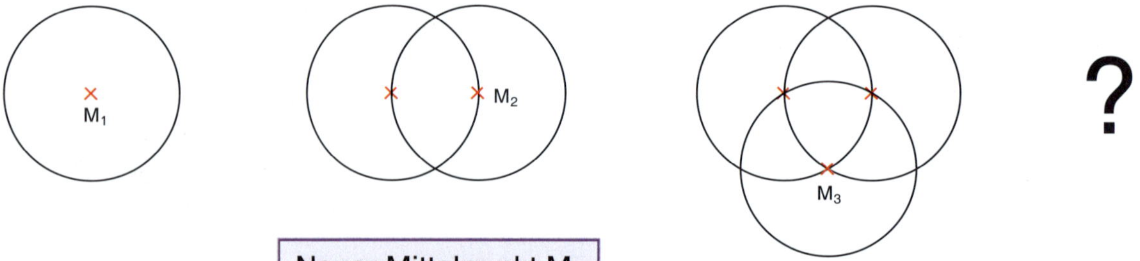

Neuer Mittelpunkt M_2 auf der Kreislinie

Neuer Mittelpunkt M_3 am Schnittpunkt der beiden Kreislinien

b)

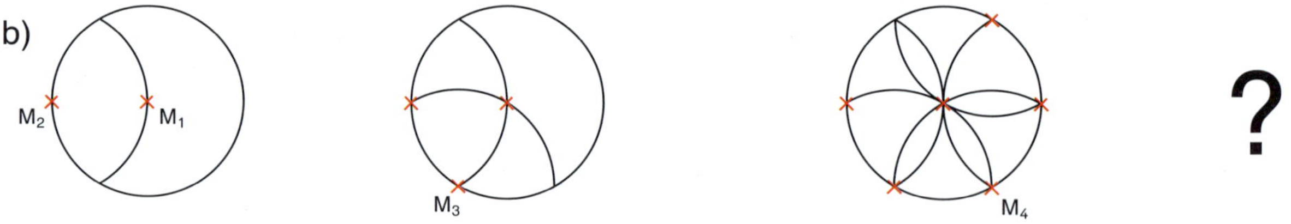

(4) Schöne Muster

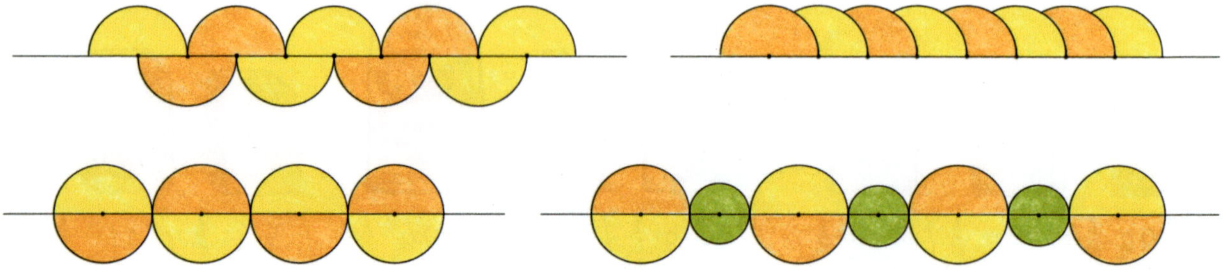

a) Übertrage die Muster in dein Heft. Zeichne weiter und färbe sie.

b) Erfinde eigene schöne Muster. Zeichne sie in dein [Heft-Symbol].

AH S. 52

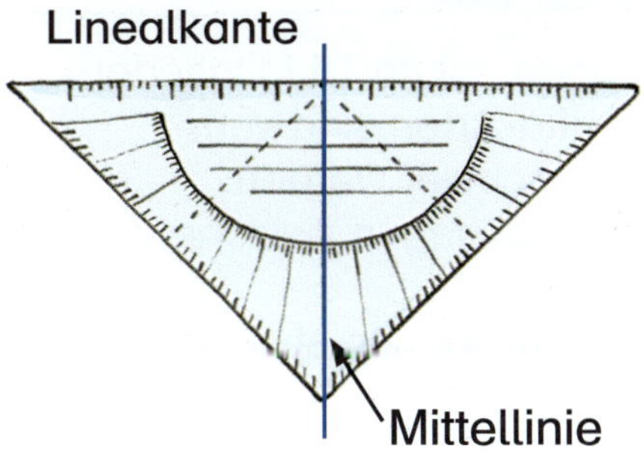

(5) Senkrecht aufeinander stehende Linien zeichnen:
Zeichne eine Linie.
Lege die Mittellinie des Geodreiecks auf die Linie.
Zeichne die Senkrechte.

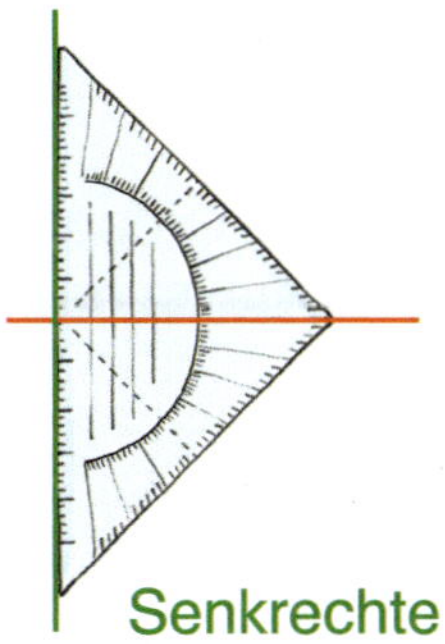

(6) Parallele Linien zeichnen:
Lege eine parallele Linie des Geodreiecks auf eine Linie.
Zeichne die Parallele.

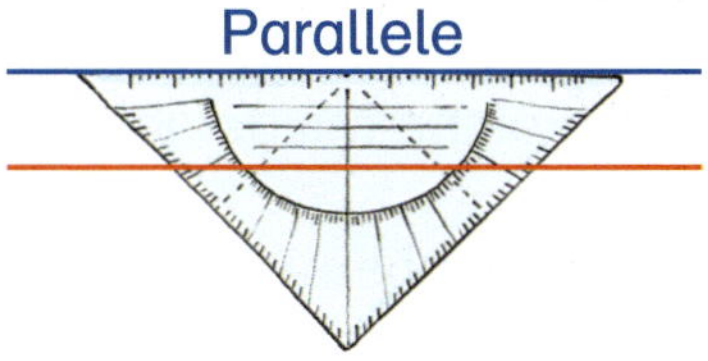

(7) Zeichne mit dem Geodreieck …

a) … eine Strecke von 6 cm und dazu 4 parallele Linien.

b) … 2 Linien, die senkrecht aufeinander stehen.

(8) Prüfe mit dem Geodreieck und suche im Bild von Theo van Doesburg parallele Linien, senkrecht aufeinander stehende Linien und rechte Winkel.

Theo van Doesburg:
Kontra-Komposition mit Dissonanzen

(9) Zeichne nun selbst Rechtecke und Quadrate auf weißes Papier.

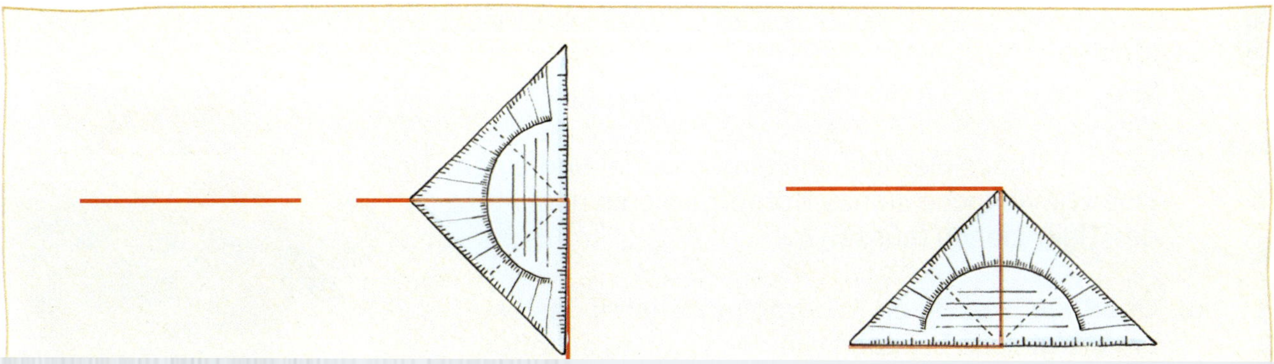

1

Gorillas leben in den dichten Regenwäldern Afrikas in Gruppen mit ca. 15 Mitgliedern. Sie sind friedliche und scheue Pflanzenfresser. Manche Gorilla-Arten sind vom Aussterben bedroht. Gorilla-Männchen können bis zu 350 kg schwer werden. Ein Gorilla-Weibchen wiegt nur etwa halb so viel. Gorillababies wiegen zwischen 750 und 2 000 g, wenn sie auf die Welt kommen. Ein Gorilla-Männchen frisst etwa 35 kg Pflanzen pro Tag, ein Weibchen etwa 15 kg. Der Gorilla frisst insgesamt 8 Stunden am Tag Früchte, Blätter und andere Pflanzen, jedoch kein Fleisch.

a) Wie viele Kinder wiegen zusammen ungefähr so viel wie ein Gorilla-Männchen? Wie ist das beim Gorilla-Weibchen?

b) „Menschen-Frauen" wiegen durchschnittlich 70 kg. Wie viel wiegt ein Gorilla-Weibchen mehr?

c) Ein Menschenbaby wiegt bei der Geburt etwa 3 kg 500 g. Wie viel wiegt das Menschenbaby mehr als ein leichtes/schweres Gorillababy? Vergleiche mit deinem Geburtsgewicht.

d) Ein erwachsener Mensch braucht ca. 1 kg Nahrung pro Tag. Wie viel mal so viel frisst ein Gorilla?

e) Ein Kind in deinem Alter nimmt etwa 500 g Nahrung pro Tag zu sich. Vergleiche auch hier mit dem Gorilla.

f) Wie viel frisst ein männlicher Gorilla ungefähr in einer Woche, in einem Monat, …?

2

Der Tiger ist die größte und schwerste Raubkatze. Er kann bis zu 300 kg wiegen. Ein Tiger braucht pro Tag etwa 6 – 8 kg Fleisch. Ein ausgehungerter Tiger kann allerdings auch 40 kg Fleisch auf einmal auffressen. In einem nordindischen Reservat hat man einen Tiger (Gewicht: 300 kg) beobachtet, der einen 900 kg schweren Büffel erlegte. Er zog ihn ganz alleine in ein Dickicht, um die Beute zu fressen.

a) Wie viel Fleisch frisst ein Tiger in einem Jahr?

b) Vergleicht das Gewicht von einem Büffel und einem Tiger. Das Wievielfache seines Körpergewichts hat der Tiger ziehen müssen?

c) Überlege, was du an Kilogramm ziehen müsstest, um die gleiche Leistung wie der Tiger zu schaffen.

d) Wusstest du, dass Ameisen das 1 000-Fache ihres Körpergewichts ziehen oder tragen können? Wie viel müsstest du dann ziehen?

1000 kg = 1 t (Tonne)

③ Der Elefant ist das größte Säugetier, das auf dem Festland lebt. Es gibt zwei Arten von Elefanten: asiatische (mit kleinen Ohren) und afrikanische Elefanten (mit größeren Ohren). Ein afrikanisches Elefanten-Männchen kann zwischen 5 000 und 7 500 kg wiegen. Eine Elefantenkuh ist leichter und wiegt etwa 2 800 kg.
Mit seinem Rüssel pflückt der Elefant Blätter und Zweige von den Bäumen. Etwa 160 kg Futter braucht er am Tag.
Elefanten ruhen oder schlafen nur 2 bis 4 Stunden täglich.
Zum Trinken benötigen sie etwa 150 l Wasser am Tag. Wenn ein Elefant seinen Rüssel vollsaugt, passen 10 l Wasser hinein.
Ein Elefantenbaby wiegt bei seiner Geburt schon 100 kg.
Es trinkt etwa 12 l am Tag.

a) Schreibe dir Stichpunkte zu wichtigen Informationen auf.

Elefant

- Gewicht Männchen: 5 000 – 7 500 kg oder 5 – 7,5 t.
- Gewicht Elefantenkuh: …
- Geburtsgewicht: …
- Größe: …
- …

b) Welche Fragen kannst du beantworten, ohne zu rechnen?

A Wie schwer wird ein Elefanten-Männchen höchstens?

B Wie viel kg wiegen Elefantenkuh und Elefantenbaby zusammen?

D Wie viele Autos sind genauso schwer wie ein Elefanten-Männchen?

E Wie viele Kinder sind genauso schwer wie eine Elefantenkuh?

C Wie viel kg wiegt die Elefantenkuh mehr als das Elefantenbaby?

G Wie viel Futter braucht ein Elefant in einer Woche?

F Wie viel Futter braucht ein Elefant am Tag?

H Wie viel Liter Wasser trinkt ein Elefantenbaby täglich mehr als ein Mensch?

I Wie viele Rüssel voll mit Wasser braucht ein Elefant, um eine Badewanne zu füllen?

c) Bei welchen Fragen aus b) musst du rechnen? Löse die Aufgaben.

d) Welche Fragen aus b) kannst du nicht beantworten?
Suche fehlende Angaben und rechne.

Das Internet kann helfen.

④ Erfinde Aufgaben zu deinem Lieblingstier …

Das ist Familie Müller: Mama Paola und Papa Franz, Francesca und Stefan, der Jüngste. Familie Müller hat eine komische Eigenschaft: Alle haben das Mathefieber und entdecken überall mathematische Rätsel und Aufgaben, die dann wer lösen muss? – Stefan natürlich! Kein Wunder also, dass Stefan in Mathe ein Ass ist.
Hier ein paar Beispiele:

(1) Stefans Mutter ist sehr großzügig. Weil Stefan und seine Schwester schon lange für eine Tischtennisplatte gespart haben, schlägt die Mutter Stefan vor:

„Die Platte kostet mit allem Zubehör 360 €. Ich zahle euch die Hälfte, wenn du und Francesca die andere Hälfte bezahlt. Deine Schwester ist größer und hat mehr Geld, also soll sie doppelt so viel bezahlen wie du. Wie viel muss also jeder bezahlen?“

Stefan überlegt: „Ich bezahle einen Anteil, meine Schwester … Anteile, Mama bezahlt so viel wie Francesca und ich zusammen. Das sind zusammen also … Anteile.“
Hilft dir Stefans Zeichnung? Löse die Aufgabe.

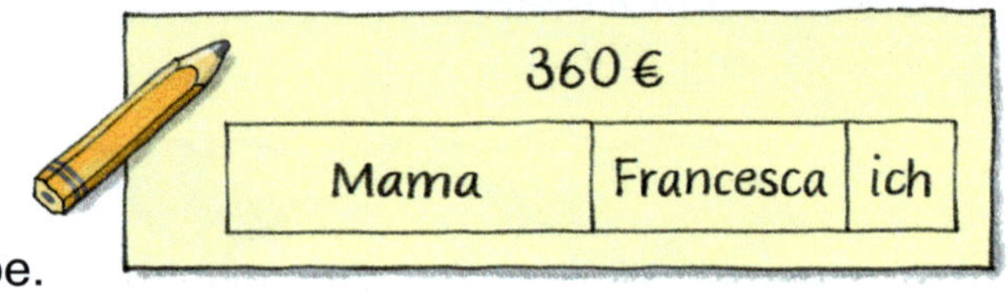

★ (2) Stefans Vater arbeitet beim Gartenamt. Er erzählt:

„Im Stadtpark wird um den Spielplatz herum ein 3 Meter breiter Weg aus Gummiplatten gepflastert. Der Spielplatz ist 24 m lang und 15 m breit, die Gummiplatten sind jeweils 50 cm lang und 50 cm breit.
Ich muss nun berechnen, wie viele Gummiplatten wir benötigen. Kannst du helfen?“

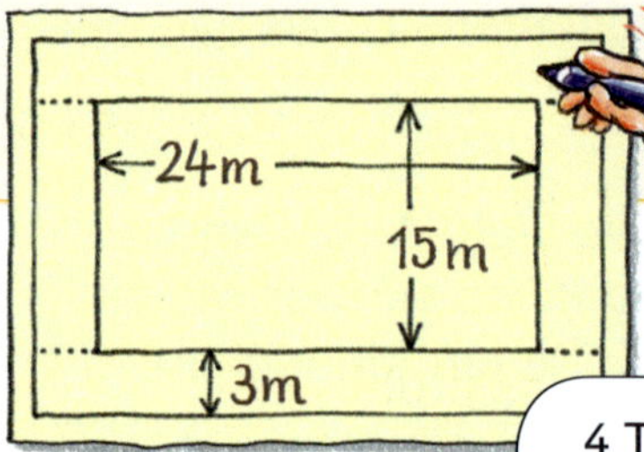

Stefan zeichnet und rechnet.
Vervollständige die Zeichnung in deinem Heft und löse die Aufgabe.

(3) Stefan und seine Schwester sind Sportskanonen. Ihr Vater hat ihre Zeiten auf der 50-m- bzw. 75-m-Strecke gestoppt. „Donnerwetter“, meint er, „ihr seid schnell. Stefan braucht für die 50 m 9 s, Francesca für die 75 m 12 s.“ Jetzt wollen die beiden wissen, wie viel Zeit sie bei gleicher Geschwindigkeit wohl für 100 m brauchen würden. Stefan hat es einfach. Seine Schwester muss ein bisschen mehr rechnen.

Findest du die Lösungen?

(4) Heute erzählt Francesca vom Sportunterricht:

„Bei den Bundesjugendspielen gab es 73 Urkunden. 35 Ehrenurkunden weniger als Siegerurkunden. Wie viele Urkunden gab es jeweils?“

Stefan überlegt: „Da hilft Ausprobieren.“
Er macht sich eine Tabelle. Setze sie fort.
Findest du einen kürzeren Lösungsweg?

Siegerurkunden	Ehrenurkunden	Unterschied
43	30	13
50	…	…
…	…	35

5 Stefans Vater berichtet wieder von seiner Arbeit:

„In der letzten Woche habe ich die Blumen für unsere Parks bestellt: Sonnenblumen und Mohnblumen. Ich habe insgesamt 3 280 Pflanzen bestellt, dreimal so viele Sonnenblumen wie Mohnblumen. Jeweils die Hälfte der Pflanzen wird für die große Gartenausstellung benötigt

Wie viele Sonnenblumen und wie viele Mohnblumen habe ich bestellt?“

Stefan denkt nach:
„Mithilfe der Skizze kann ich die Anzahl der Sonnenblumen und Mohnblumen berechnen. Dann berechne ich die Zahl der Blumen in der Ausstellung.“
Löse die Aufgabe.

6 Francesca hat heimlich beobachtet, dass Stefan mittags mit Amelie von der Schule nach Hause geht und dafür einen kleinen Umweg in Kauf nimmt.

Sie hat eine Skizze gemalt und stellt die Frage: „Wie viele Meter geht der verliebte Stefan in der Woche mehr als nötig?“

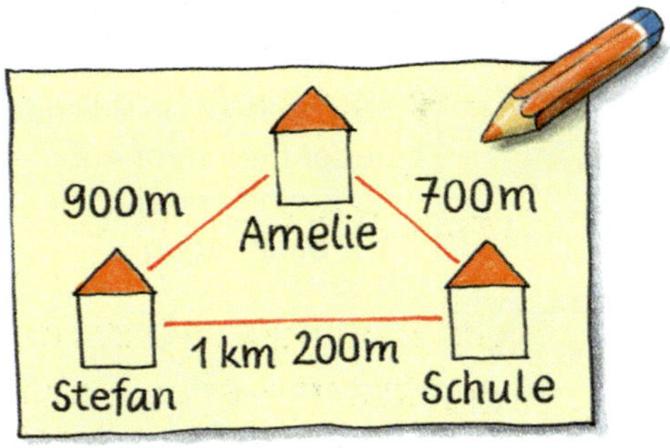

Eigentlich hat Stefan keine Lust, diese Aufgabe zu lösen.
Kannst du sie lösen?

7 Francesca prahlt:

„Du kennst doch Vincent in Radelheim. Wenn wir ihn besuchen, fahren wir 172 km. Vorgestern haben wir beide ausprobiert, wie schnell wir mit dem Fahrrad sind. Vincent ist um 9.00 Uhr in Radelheim losgeradelt. Ich bin um 10.00 Uhr bei uns abgefahren. Um 13.00 Uhr haben wir mit dem Handy telefoniert und festgestellt, dass wir nur noch 12 km voneinander entfernt sind. Vincent konnte auf seinem Tacho ablesen, dass er schon 88 km gestrampelt war.

Jetzt rechne einmal:
- Wie viele km bin ich da schon gefahren?
- Wie viele km schaffe ich in einer Stunde?
- Wie viele km schafft Vincent?“

Da kommt auch Stefan ganz schön ins Schwitzen. Er zeichnet und schreibt Einiges auf.

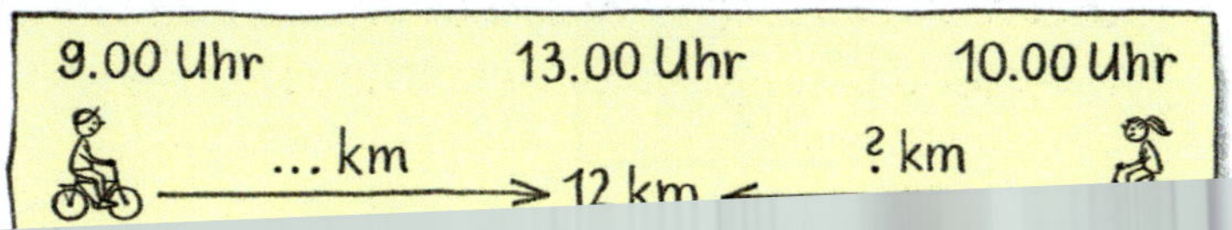

① So geht das schriftliche Dividieren. Erkläre.

738 : 3

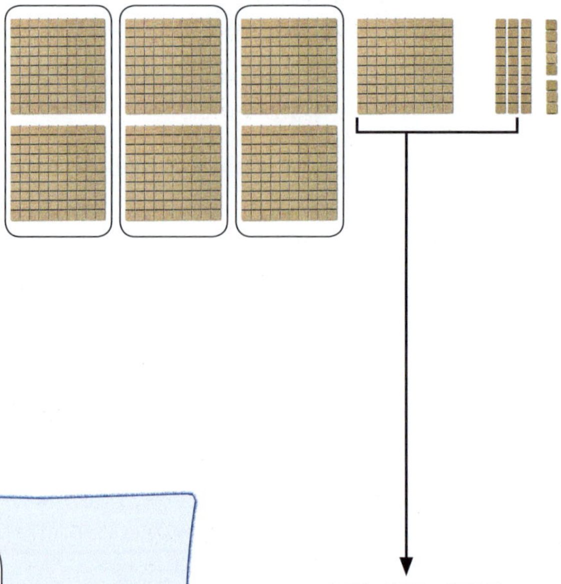

HZE HZE
738 : 3 = 2
−6
1

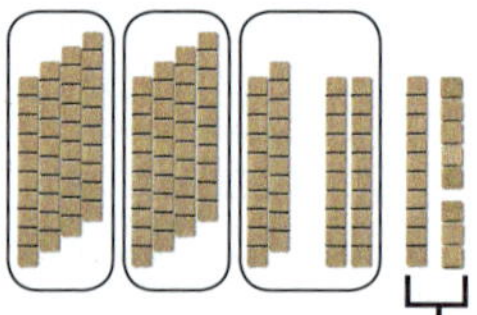

HZE HZE
738 : 3 = 24
−6↓
13
−12
1

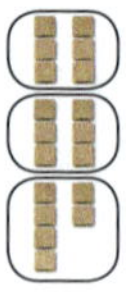

HZE HZE
738 : 3 = 246
−6↓
13
−12↓
18
−18
0

② Legt die Aufgaben mit Rechenmaterial. Dividiert schriftlich.

672 : 4

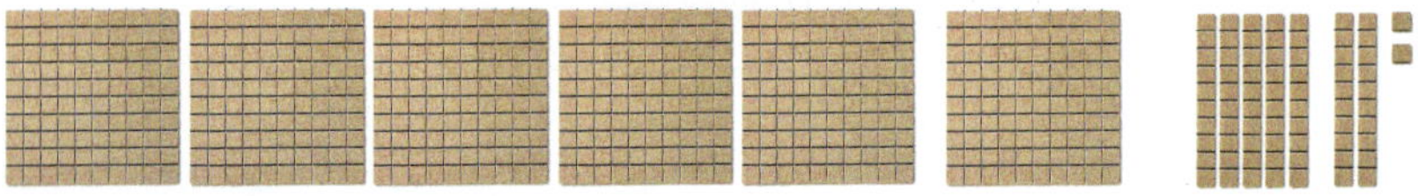

HZE HZE
6 7 2 : 4 = 1
− 4↓
2 7
...

825 : 3

625 : 5

984 : 8

3 Dividiere schriftlich und sprich so:

```
 948 : 4 = 237
-8
 14
-12
  28
 -28
   0
```

9 : 4 geht 2-mal,
2 · 4 = 8,
1 bleibt übrig.

14 : 4 geht 3-mal,
3 · 4 = …

28 : 4 geht …

948 : 4	8328 : 6
790 : 5	5634 : 3
826 : 7	9824 : 4
896 : 8	8638 : 7

112, 118, 158, 237, 1234, 1388, 1878, 2456

4 1362 : 6

a) Versuche die Aufgabe zu lösen. Was ist hier anders?

b) T H Z E

```
 1 3 6 2 : 6 = . . .
-1 2
  …
```

Ich mache einen Bogen und setze drei Punkte über das Ergebnis, denn mein Ergebnis muss drei Stellen haben.

Erkläre, warum Eulalia einen Bogen macht.
Woher weiß sie, wie viele Stellen das Ergebnis hat?

c) Überlege vor dem Rechnen, wie viele Stellen das Ergebnis hat.
Setze Bögen und Punkte.

1288 : 4	2568 : 8	37455 : 5	4932 : 6	5391 : 9
41973 : 3	8897 : 7	6128 : 8	41832 : 9	644 : 7

92, 321, 322, 599, 766, 822, 1271, 4648, 7491, 13991

5 So vergisst du keine Stelle: Ziehe Pfeile.

```
 3 8 6 9 2 : 4 = 9 6 7 3
-3 6
   2 6
  -2 4
     2 9
    -2 8
       1 2
      -1 2
         0
```

a)		b)
2396 : 4		33971 : 7
3867 : 3		42335 : 5
2376 : 6		19584 : 8
8352 : 9		138624 : 2

396, 599, 928, 1289, 2448, 4853, 8467, 69312

6 Überprüfe dein Ergebnis mit dem Überschlag.

a) 27448 : 8
32772 : 4

b) 82768 : 7
9870 : 5

c) 25146 : 3

d) 88884 : 9

```
Ü: 2 4 0 0 0 : 8 = 3 0 0 0
   2 7 4 4 8 : 8 = 3
```

Schriftlich dividieren – Vorsicht Nullen!

1 Erkläre.

918 : 3

9 H verteilt an 3 Kinder. Jedes Kind bekommt 3 H.

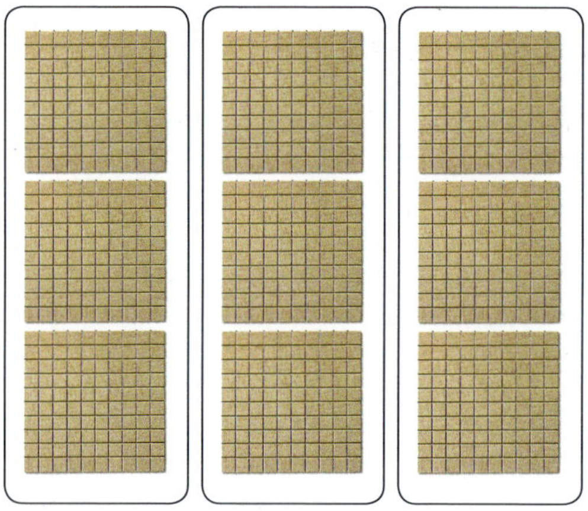

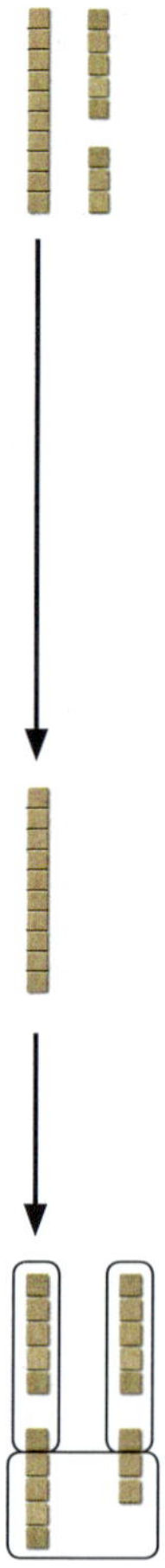

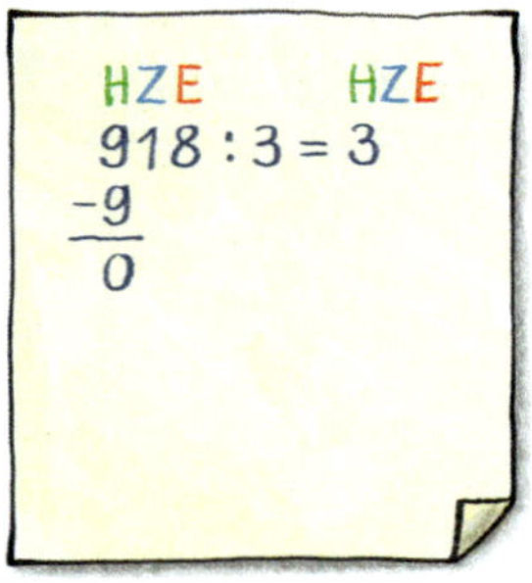

1 Z kann ich nicht an 3 Kinder verteilen. Jedes Kind bekommt 0 Z. Ich schreibe im Ergebnis eine 0.

Warum darfst du die Null im Ergebnis nicht vergessen?

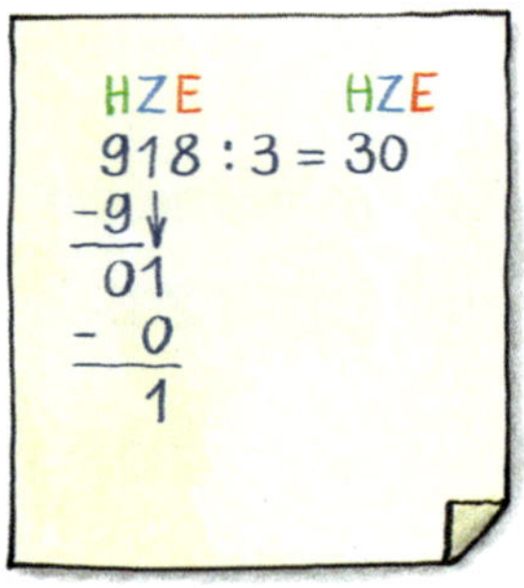

Ich tausche 1 Z in 10 E. 18 E kann ich an 3 Kinder verteilen. Jedes Kind bekommt 6 E.

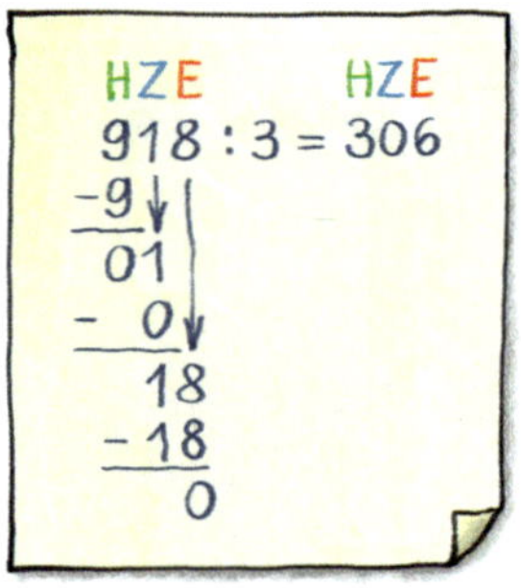

2 Achte auf die 0 im Ergebnis. Setze Bögen und Punkte.

a)

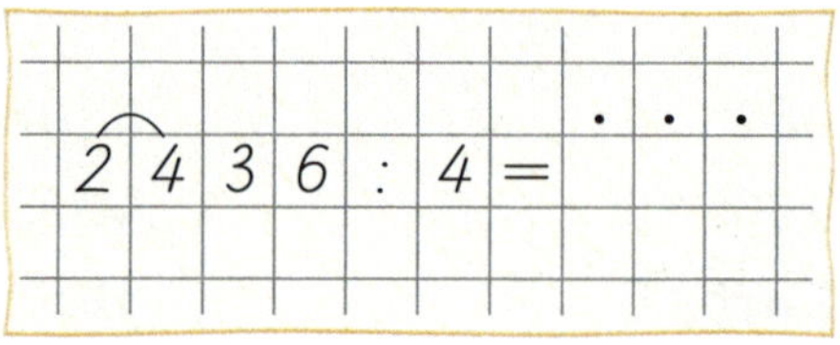

2436 : 4	4824 : 3	4563 : 9
8456 : 8	1442 : 7	8464 : 8

206, 609, 507, 1057, 1058, 1608

b)

31218 : 6	77224 : 7	64134 : 6	143752 : 7
32140 : 4	41648 : 8	45468 : 9	275420 : 5

5052, 5203, 5206, 8035, 10689, 11032, 20536, 55084

3 Achte auch hier auf die 0 im Ergebnis. Setze Bögen und Punkte.

a)

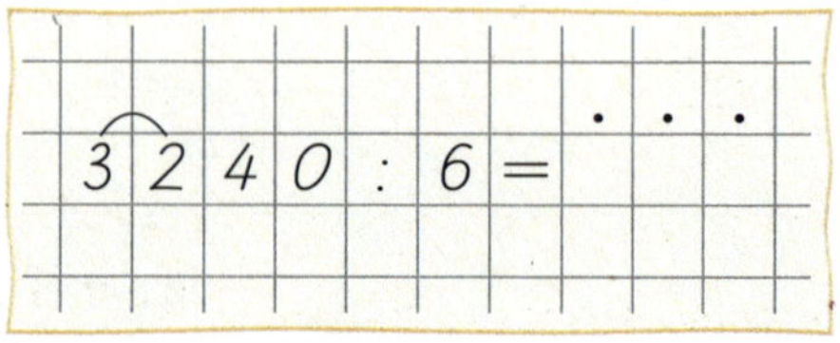

3240 : 6	9380 : 7	9180 : 9
4080 : 6	5040 : 8	5390 : 7

540, 630, 680, 770, 1340, 1020

b)

16440 : 3	62148 : 6	49320 : 9	754992 : 7
49980 : 6	36480 : 8	61062 : 3	855432 : 9

4560, 5480, 5480, 8330, 10358, 20354, 95048, 107856

Fehlern auf der Spur

4 Vorsicht Fehler!

a) Rechne die Aufgaben richtig.

b) Erklärt die Fehler. Welche Tipps helfen euch?

A

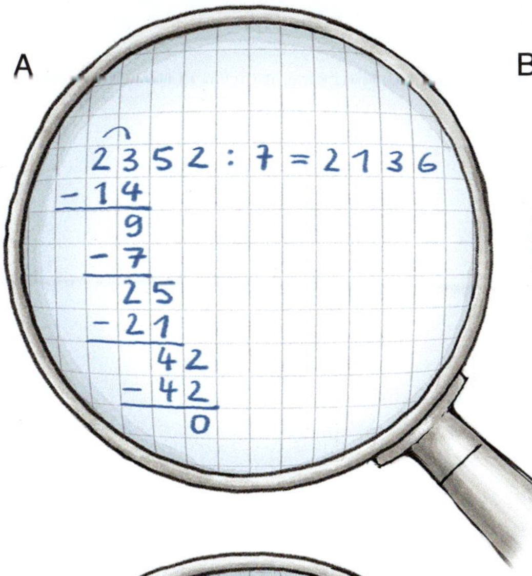

B

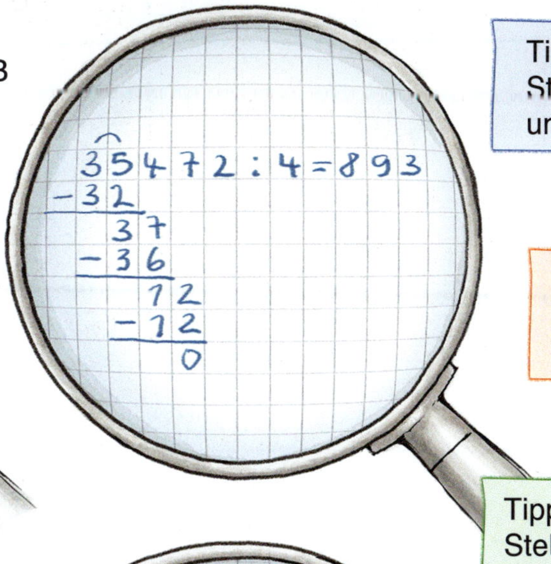

C

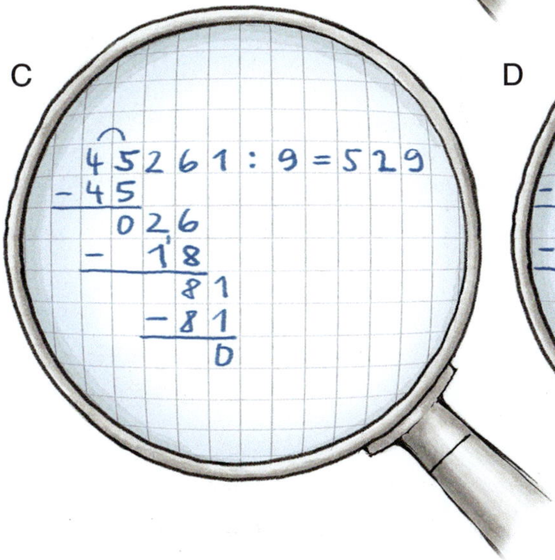

D

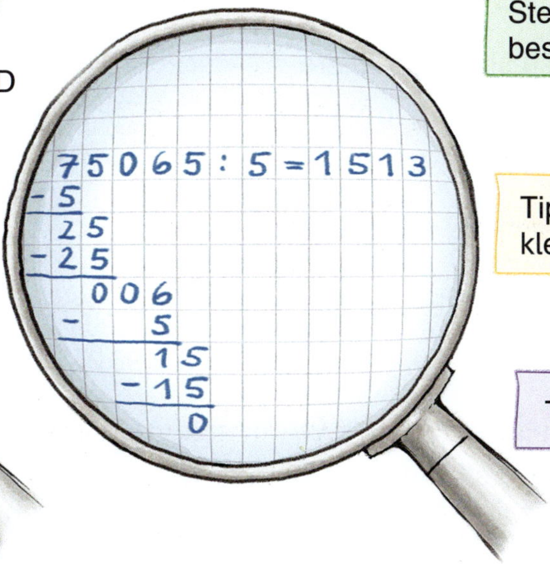

Tipp 1: Immer nur eine Stelle herunterholen und dividieren

Tipp 2: Mit dem Überschlag kontrollieren

Tipp 3: Die Anzahl der Stellen des Ergebnisses bestimmen

Tipp 4: Der Rest muss kleiner als der Teiler sein.

Tipp 5: Pfeile ziehen

5 Kannst du einfach weiterrechnen? Ist schon ein Fehler passiert? Überprüfe und rechne.

312 : 8 = 4
− ~~32~~

312 : 8 = 3
− 24

312 : 8 = 4 −32	574 : 7 = 7 −49	1584 : 3 = 5 −15
824 : 8 = 10 −80	616 : 8 = 6 −48	2706 : 6 = 4 −26

6 Dividiere. Denke an die Tipps. Kontrolliere mit der Multiplikationsaufgabe.

Kannst du das schneller im Kopf?

1 Löse diese Aufgabe schriftlich. Was stellst du fest?

2 Dividiere schriftlich und kontrolliere.

a)	b)	c)	d)
2136 : 5	9976 : 8	12679 : 7	25394 : 6
3629 : 3	7851 : 3	18017 : 9	27444 : 5
1719 : 4	1394 : 6	16404 : 4	22596 : 7

3 Fehler beim Teilen mit Rest: Erkläre und rechne richtig.

7311 : 3 = 2436 R 3   769961 : 8 = 96244 R 9   75342 : 8 = 9416 R 6

4 Rechne jeweils die erste Aufgabe schriftlich.
Kannst du die nächsten Aufgaben lösen, ohne schriftlich zu rechnen?

a)	b)	c)	★ d)
32112 : 9	32148 : 4	76190 : 5	37706 : 3
32113 : 9	32147 : 4	76192 : 5	37709 : 3
32114 : 9	32146 : 4	76194 : 5	37712 : 3
32115 : 9	32145 : 4	76196 : 5	37715 : 3

5 Rechne.

a)	b)	c)
123 : 5	3751 : 5	572 : 5
3203 : 5	966 : 5	1657 : 5
1778 : 5	12336 : 5	3162 : 5
3768 : 5	13451 : 5	4187 : 5

Was fällt dir auf?
Schau dir die Zahlen,
die dividiert werden,
genau an.
Was entdeckst du?

d) Erstelle Aufgabenpäckchen für deinen Partner:
Es soll durch 5 dividiert werden und jedes Ergebnis soll Rest 4 haben.

★ 6 Dividiere die Zahl 45360 durch 9, 8, 7, …, 3, 2.
Warum ist 45360 eine „besondere Zahl"?
Versuche, selbst solche „besonderen Zahlen" zu finden.

… auch im Kopf

AH S. 59

(7) Schriftlich oder im Kopf? Entscheide selbst und rechne.

(8) Löse die Aufgaben. Wie weit schaffst du es im Kopf?

a)	b)	c)	d)
3000 : 3	3000 : 6	4400 : 4	10000 : 5
3600 : 3	3600 : 6	4800 : 4	12000 : 5
3630 : 3	6600 : 6	4832 : 4	12505 : 5
3636 : 3	6636 : 6	8832 : 4	12555 : 5
3642 : 3	6642 : 6	12832 : 4	12565 : 5

(9) a) Addiere diese fünf aufeinanderfolgenden Zahlen und dividiere das Ergebnis durch 5:
1329, 1330, 1331, 1332, 1333.
Wähle selbst fünf aufeinanderfolgende Zahlen und rechne genauso.
Was fällt dir auf?

Dividieren mit Forscherblick

1 a) Suche Zahlen, die ohne Rest durch 4 teilbar sind. Schreibe sie auf.
b) Dividiere diese Zahlen durch 4:
428, 936, 399, 2732, 6231, 3948
c) Vergleiche die durch 4 teilbaren Zahlen (kein Rest) von b) mit den Zahlen von a).
d) Finde eine Regel für die Teilbarkeit durch 4.

Eine Zahl ist ohne Rest durch 4 teilbar, wenn die letzten beiden Stellen …

2 Der Teilbarkeit auf der Spur
a) Alle Vielfachen von 100, 1000, … sind durch 4 teilbar. Prüfe nach.

100 : 4 = ☐	1000 : 4 = ☐	10000 : 4 = ☐	…
200 : 4 = ☐	2000 : 4 = ☐	20000 : 4 = ☐	…
…	…	…	…

b) Suche große Zahlen, die durch 4 teilbar sind, und zerlege sie so:

2716 = 2000 + 700 + 16

c) Versuche mit dem, was du jetzt weißt, die Regel für die Teilbarkeit durch 4 zu erklären.

3 Sortiere so: teilbar durch 4 | Rest 1 | Rest 2 | Rest 3

5397	831	12314	98137
6220	772	26083	24926
9334	417	77444	63251

4 Finde für deinen Partner ein Aufgabenpäckchen mit 6-stelligen Zahlen, die durch 4 teilbar sind.

5 Dividiere durch 8:

328	124	397	588	649
2328	5124	7397	3588	9649
75328	96124	28397	12588	16649

Was fällt dir auf? Finde eine Regel.

Eine Zahl ist ohne Rest durch 8 teilbar, wenn …

6 Welche Vielfachen von 100, 1000, … sind durch 8 teilbar?

7 Rechne nur die Aufgaben, bei denen kein Rest entsteht.

7248 : 8	12849 : 8	77984 : 8	4356 : 8
9376 : 8	56428 : 8	24588 : 8	4352 : 8

8 Suche verschiedene Zahlen, die ohne Rest durch 8 teilbar sind.

Wenn die H-Stelle gerade ist, …
Wenn die H-Stelle ungerade ist, …

Welche Zahlen sind durch 2 teilbar? Finde eine Regel.

(9) Dividiere durch 3:

7254	12957	4692	29379
8392	76255	8676	83702

(10) Um herauszufinden, ob du eine Zahl durch 3 dividieren kannst, musst du die Quersumme bilden.

Das geht so:

7254: $7 + 2 + 5 + 4 = 18$
18 ist die Quersumme von 7254.

a) Bilde die Quersummen der Zahlen von Aufgabe (9).

b) Kannst du jetzt eine Regel für die Teilbarkeit durch 3 finden?

(11) Verändere die Zahlen so, dass sie durch 3 teilbar sind. Rechne.

1856	19754	26468	34777	101101

(12) a) Suche gerade Zahlen, die durch 3 teilbar sind.

b) Dividiere diese Zahlen durch 6. Was fällt dir auf?

c) Kannst du jetzt eine neue Regel finden?

(13) Überprüfe deine Regel:

a) 17951	b) 62916	c) 90294	d) 99666
26748	30710	106002	66999

(14) Dividiere durch 9:

27369	97555	98964	676998
88706	71712	82557	310500

(15) a) Bilde die Quersummen der Zahlen von Aufgabe (14), die ohne Rest durch 9 teilbar sind. Was fällt dir auf?

b) Versuche, eine Regel zu finden, wann eine Zahl durch 9 teilbar ist.

(16) Überprüfe deine Regel:

76509	56097	184580	699909	13563

1 Einfache Multiplikationsaufgaben

a)	b)	c)	d)
6 · 7	9 · 8	8 · 9	4 · 6
6 · 70	9 · 80	8 · 9000	4 · 600
6 · 700	9 · 800	8 · 90	4 · 60
6 · 7000	9 · 8000	8 · 900	4 · 6000

2 Schriftlich multiplizieren

	H	Z	E		
	4	2	3	·	4
T	H	Z	E		
1	6	9	2		

4 mal 3 E = 12 E — 2 an, 1 gemerkt
4 mal 2 Z = 8 Z — 8 Z + 1 Z = 9 Z; 9 an
4 mal 4 H = 16 H — 16 an

a)	b)	c)	d)
217 · 3	512 · 3	383 · 4	431 · 9
424 · 4	216 · 4	268 · 6	527 · 3

3 Überschlage und rechne.

488 · 4 — Ü: 500 · 4

a)	b)	c)
488 · 4	893 · 8	489 · 6
791 · 4	621 · 6	208 · 9
214 · 4	508 · 7	993 · 7
321 · 4	403 · 5	789 · 5

4 Fehler berichtigen – Welcher Tipp hilft?

A: Gemerktzahlen mit den Fingern zeigen

B: Auf die Stellen achten

C: Multiplikationsaufgaben mit 0 richtig lösen

a)	b)	c)	d)
217 · 2 = 4214	603 · 4 = 2452	934 · 3 = 27102	420 · 9 = 3789
728 · 5 = 35140	318 · 3 = 9324	506 · 8 = 4128	851 · 6 = 48306

AH S. 61/62

5 Einfache Divisionsaufgaben

a) 27 : 9
270 : 9
2700 : 9
27000 : 9

b) 42 : 7
420 : 7
4200 : 7
42000 : 7

c) 56 : 8
560 : 8
5600 : 8
56000 : 8

d) 81 : 9
810 : 9
8100 : 9
81000 : 9

6 Schriftlich dividieren

```
 H Z E         H Z E
 7 3 6 : 4  =  1 8 4
-4
 3 3
-3 2
   1 6
```

7 H: 4 geht 1 mal, 1 H · 4 = 4 H, 3 H bleiben übrig
33 Z: 4 geht 8 mal, 8 Z · 4 = 32 Z, 1 Z bleibt übrig
16 E: 4 geht 4 mal

a) 735 : 5
992 : 4

b) 8631 : 7
6318 : 6

c) 651 : 7
2560 : 8

d) 4670 : 3
35457 : 5

7 Alle Stellen beachten!

```
 4 2 3 2 5 : 5 = 8 4 6 5
-4 0
   2 3
  -2 0
     3 2
    -3 0
       2 5
```

a) 42325 : 5
4606 : 7
4514 : 6
5697 : 9

b) 23569 : 4
22910 : 5
19314 : 6
36704 : 8

c) 16680 : 3
25236 : 6
35125 : 5
40685 : 9

8 Fehler berichtigen – Welcher Tipp hilft?

A: Immer nur eine Stelle herunterholen

B: Der Rest muss kleiner sein als der Teiler.

C: Die Anzahl der Stellen des Ergebnisses bestimmen

a)
```
 27368 : 6 = 456
-24
  33
 -30
   36
  -36
    0
```

b)
```
 35266 : 7 = 538
-35
  026
  -21
    56
   -56
     0
```

c)
```
 3031 : 7 = 4213
-28
  23
 -14
   9
  -7
   21
  -21
    0
```

Ganz genau und ungefähr

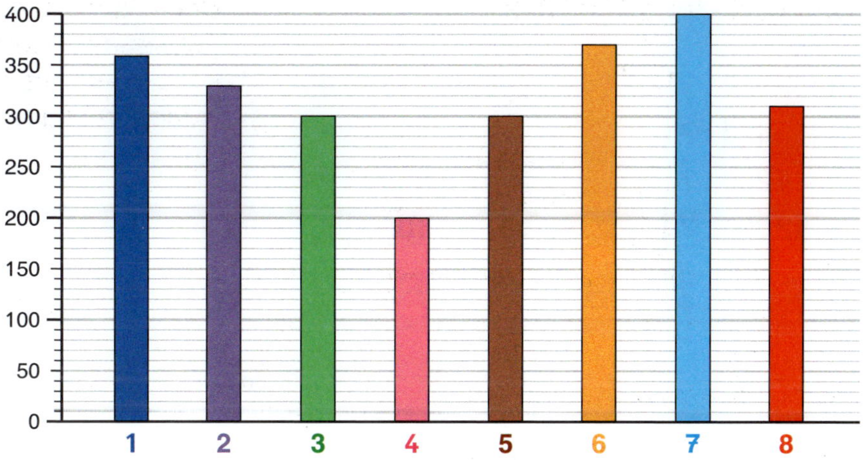

1 VS Göggingen West
2 Luitpold Volksschule
3 Werner-Egk Volksschule
4 St. Anna Volksschule
5 Johann-Strauß Volksschule
6 VS vor dem Roten Tor
7 Westpark Schule
8 Werner-von-Siemens VS

Stand 2013/2014

(1) a) Lies die ungefähren Schülerzahlen der einzelnen Grundschulen aus dem Schaubild ab.

b) Am Zahlenstrahl kannst du die genauen Schülerzahlen ablesen.

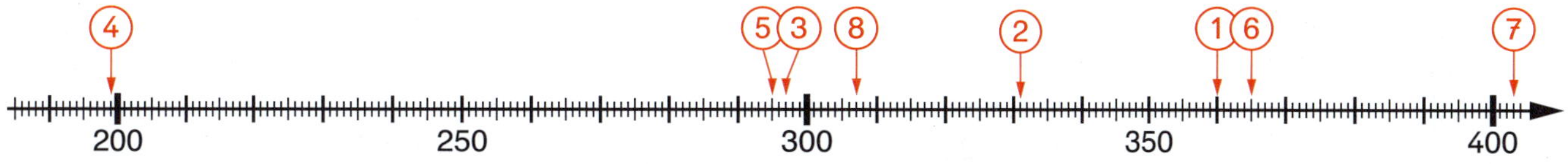

c) Zeichne die Tabelle in dein Heft und trage die ungefähren und die genauen Schülerzahlen ein.

Schule	ungefähre Schülerzahl	genaue Schülerzahl
①	360	360
②	330	331
③		

(2) Die Zahlen für das Schaubild wurden auf „glatte Zehner gerundet".
Kannst du erklären, wie das funktioniert?

So werden Zahlen gerundet:

363 ≈ 360	229 ≈ 230	305 ≈ 310
414 ≈ 410	408 ≈ 410	207 ≈ 210
386 ≈ 390	332 ≈ 330	351 ≈ 350

≈ Dieses Zeichen heißt „ist ungefähr".

Beim Runden nehmen wir die Nachbar-Zehnerzahl.
Bei 5 Einern nehmen wir die nächstgrößere Zehnerzahl.

(3) Runde diese Zahlen auf Zehner. Begründe.

a) 423	b) 589	c) 625	d) 544
378	521	846	387
745	286	852	483

(4) Erkundigt euch nach der genauen Schülerzahl eurer Schule.
Rundet die Zahl auf Zehner.
Vergleicht mit dem Schaubild: Seid ihr eine große oder eine kleine Schule?

AH S. 63

(5) Schülerzahlen an Bayerns Grundschulen 2012/2013

Oberfranken:	33 305
Unterfranken:	41 871
Mittelfranken:	55 180
Oberpfalz:	35 710
Niederbayern:	40 644
Oberbayern:	152 685
Schwaben:	63 020

Beim Runden auf Tausender nehmen wir den näheren Nachbar-Tausender.

a) Erkläre das Schaubild. Was bedeuten die großen und kleinen Schultaschen?

Oberfranken	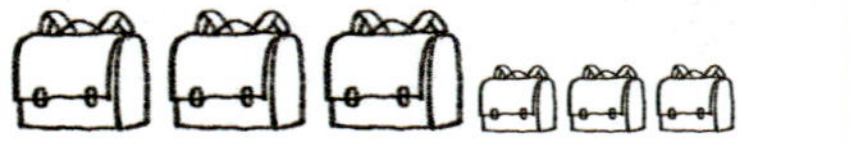
Unterfranken	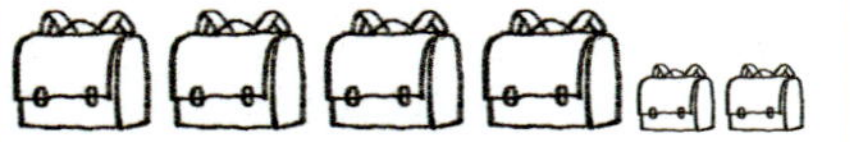
Mittelfranken	

Runde die Schülerzahlen der Regierungsbezirke auf Tausender. Ergänze das Schaubild in deinem Heft.

b) Wie viele Schüler gibt es in ganz Bayern? Überschlage und rechne nach.

(6) Schülerzahlen an Grundschulen in den einzelnen Bundesländern 2012/2013

Baden-Württemberg:	365 456	Niedersachsen:	289 846
Bayern:	422 415	Nordrhein-Westfalen:	639 789
Berlin:	102 936	Rheinland-Pfalz:	135 392
Brandenburg:	76 772	Saarland:	30 038
Bremen:	20 826	Sachsen:	124 235
Hamburg:	52 664	Sachsen-Anhalt:	65 798
Hessen:	205 643	Schleswig-Holstein:	101 085
Mecklenburg-Vorpommern:	49 088	Thüringen:	64 396

a) Runde die Schülerzahlen auf glatte Zehntausender und ordne sie der Größe nach.

b) Zeichne ein Schaubild. Überlege: Wie viele Schüler sollen einem Kästchen auf dem Millimeterpapier entsprechen?

Beim Runden auf Zehntausender …

Enrico Fermi (1901 – 1954) war ein Physiker und Nobelpreisträger. Er wurde dadurch bekannt, dass er seinen Studierenden ungewöhnliche Fragen stellte. Seine Lieblingsfrage „Wie viele Klavierstimmer gibt es in Chicago?“ ist sehr bekannt.
Das Besondere an dieser Aufgabe ist, dass keine exakte Lösung verlangt ist. Durch Schätzen, Überschlagen, Messen und Informationen sammeln, gelangt man auf verschiedenen Wegen zu sinnvollen Ergebnissen.

Löst diese Fermi – Aufgaben:

1. Wie viele aufgeblasene Luftballons passen in euer Klassenzimmer?

Diese Überlegungen oder Gegenstände können euch helfen:

Wie lang, breit und hoch ist das Klassenzimmer?

Wie viele Luftballons passen auf den Boden?

Wie viele Luftballons passen auf ein Meterquadrat?

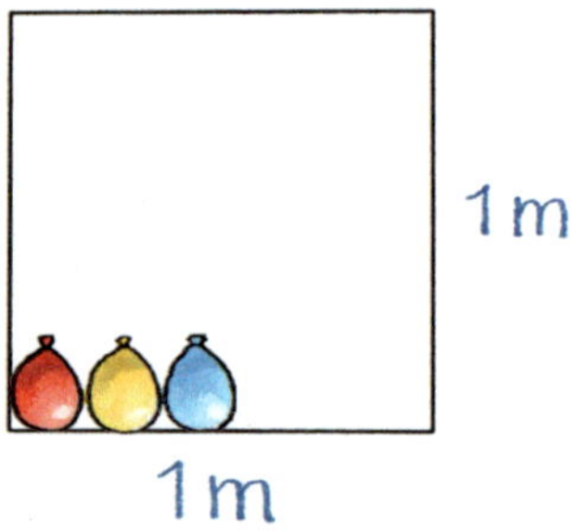

Wie viele Luftballons passen in einen Meterwürfel?

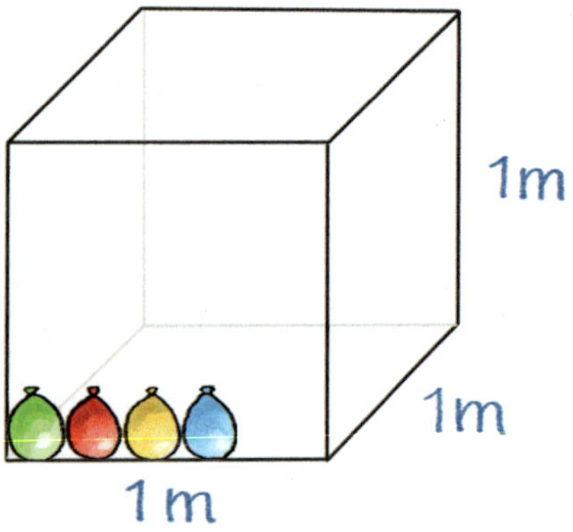

Vergleicht eure Lösungen. Was ist gleich? Was ist anders?
Welche Ergebnisse könnten stimmen?

2 Wie lange würde es dauern, wenn ihr euer Klassenzimmer mit Luftballons füllt?

Um einen Luftballon aufzublasen brauche ich … Sekunden.

Alle Kinder unserer Klasse blasen in einer Minute …

Mit einer Luftballonpumpe schaffen wir …

3 Lea behauptet, dass die Luftballons, die das Klassenzimmer ausfüllen, 1200 € kosten.
Kann das stimmen?

4 Noch mehr Fermi-Aufgaben:

a) Passt 1 Million € in einen Koffer?

b) Wie schwer sind 1 Million Reiskörner?

c) Wie viele Äpfel werden in deiner Schule in einem Jahr gegessen?

d) Passen 1 Million Gummibärchen in euer Klassenzimmer?

e) Erfinde selbst Fermi-Aufgaben in deinem .

	Kleinwagen	Geländewagen	Zaubereule	Limousine	Rennwagen
Zylinder	3	6	0	4	8
PS	70	272	< 1	140	810
km/h	162	225	72	212	350
Benzinverbrauch Ø	5,4 l	10,3 l	?	6,5 l	50 l

(1) Welche Informationen kannst du ablesen?
Was bedeuten die Abkürzungen?

Meine Höchstgeschwindigkeit ist 72 km pro Stunde. Könnte ich sie eine Stunde durchhalten, würde ich 72 km schaffen.

Der Geländewagen verbraucht im Durchschnitt etwa doppelt so viel Benzin wie …

Der Rennwagen hat doppelt so viele Zylinder wie …

Je mehr PS desto …

Die wenigsten PS hat …

Am schnellsten fährt …

?

(2) Herr Nowak ist auf der Autobahn unterwegs.
Auf dem Tachometer kann er die momentane Geschwindigkeit ablesen.
Welche der Aussagen stimmen? Begründe.

a) Die gefahrene Geschwindigkeit beträgt im Moment 120 km/h.

b) In genau einer Stunde ist er 120 km weiter.

c) In Wirklichkeit kann man nicht eine Stunde lang mit gleicher Geschwindigkeit fahren.

d) Bliebe die Geschwindigkeit gleich, würde man in einer Stunde 120 km zurücklegen.

(3) Für eine Strecke von 220 Kilometern auf der Autobahn braucht Frau Nilsson 2 Stunden.
Sie überlegt: „Wenn ich immer gleich schnell fahren könnte, wie weit käme ich in 3 Stunden?“

a) Ergänze die Tabelle.

Zeit	1 h	2 h	3 h	
km		220 km		

b) Wie viele km würde sie in 30 min (1 h 30 min, 2 h 30 min) schaffen?

★ c) Wie lange bräuchte sie für 495 km?

(4) Welche Strecke fährst du oft mit deiner Familie?
Wie lange würdet ihr für diese Strecke brauchen, wenn ihr ständig 80 km/h oder 100 km/h fahren könntet? Wie lange braucht ihr wirklich?

AH S. 64

(5) Ein Autofahrer tankt 50 Liter Super.

a) Was kostet die Tankfüllung?

b) Berechne den Preis auch für die gleiche Menge Diesel und E10.

★ c) Bei den Autos aus Aufgabe (1) ist jeweils der Verbrauch für 100 Kilometer angegeben.
Wie weit würde jedes Auto mit den 50 Litern Kraftstoff etwa kommen?
Überschlage.

(6) Stau auf der Autobahn

Autobahn A9 München Richtung Nürnberg zwischen Kreuz München Nord und Allershausen 20 Kilometer Stau.

a) Vergleiche mit einer Strecke, die du kennst. Kannst du dir einen Stau in dieser Länge vorstellen?

b) Ein Auto ist etwa 5 m lang.
Wie viele Autos könnten sich auf dem 20 km langen Autobahnstück befinden, wenn sie Stoßstange an Stoßstange stehen würden?
Die Autobahn an dieser Stelle ist dreispurig.

c) Wie viele Menschen könnten in diesem Stau stecken?

(7) Öffentliche Verkehrsmittel nutzen

In einem Auto haben 4 Personen Platz. In einem Bus können 50 Leute mitfahren. Er ist 10 m lang. Ein U-Bahn-Zug ist etwa 40 m lang und kann circa 320 Menschen transportieren.

a) Wie viele Menschen würden in dem 20-km-Stau stecken, wenn 4 Personen in jedem Auto sitzen würden?

b) Wie lang wäre der Stau, wenn diese Menschen in Bussen sitzen würden?

c) Wie viele U-Bahn-Züge würde man dafür benötigen?

Überlege, ob deine Ergebnisse stimmen können.

Überlege, wann benutzt du öffentliche Verkehrsmittel? Wann das Auto?

(8) Zu Beginn der Sommerreisezeit gab es auf der zweispurigen A7 einen „Superstau" von 75 km Länge. Wie viele Menschen saßen da wohl fest?

(9) In jeder Sekunde entsteht irgendwo auf der Welt ein neues Auto.
Wie viele Autos sind das in einer Minute, in einer Stunde, an einem Tag, in einer Woche, in einem Monat, ...?

1	2	3	4	5	6	7	8	9	10
11	12	13	14	15	16	17	18	19	20
21	22	23	24	25	26	27	28	29	30
31	32	33				37	38	39	40
41	42	43		45		47	48	49	50
51	52	53		55		57	58	59	60
61	62	63		65		67	68	69	70
71	72	73		75		77	78	79	80
81	82	83				87	88	89	90
91	92	93	94	95	96	97	98	99	100

$$\begin{array}{r} 45 \\ 55 \\ 65 \\ +\ 75 \\ \hline 240 \end{array}$$

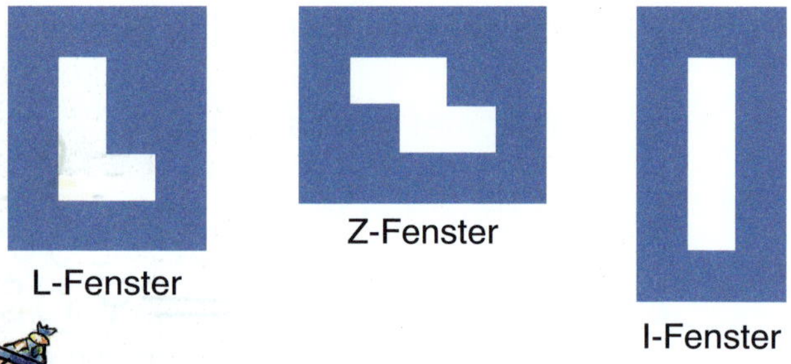

1 a) Lege jeweils ein Viererfenster auf die Hundertertafel. Zähle die Zahlen im Fenster zusammen.

b) Suche für jedes Fenster das kleinste und das größte Ergebnis.

c) Erfinde selbst noch andere Viererfenster. Gib deinen Fenstern Namen.

2 Fenster verschieben

a) Lege ein Fenster auf die Hundertertafel. Rechne. Verschiebe das Fenster immer wieder um ein Feld nach rechts und rechne jeweils. Was fällt dir auf? Erkläre.

b) Verschiebe dein Fenster immer wieder um ein Feld nach links und rechne jeweils. Was fällt dir auf? Erkläre.

c) Was passiert, wenn du dein Fenster immer wieder nach oben (nach unten) verschiebst?

d) Suche dir einen Partner, der mit einem anderen Fenster gearbeitet hat. Vergleicht eure Ergebnisse. Was stellt ihr fest?

e) Überlege: Wie könnte ein Fenster aussehen, bei dem sich das Ergebnis um 5 verändert, wenn es nach rechts geschoben wird?

3 Einfach rechnen: Verwende das Z-Fenster.

a) Lege es an einer beliebigen Stelle auf das Hunderterfeld. Addiere die Zahlen. Addiere nun nur die beiden mittleren Zahlen. Vergleiche die beiden Ergebnisse. Rechne mehrere Beispiele. Was fällt dir auf? Kannst du es erklären?

b) Kannst du bei anderen Fenstern etwas Ähnliches entdecken?

4 a) Warum heißen diese Zahlen ANNA-Zahlen?
Finde weitere ANNA-Zahlen.

b) Wähle 2 Ziffern.
Bilde daraus beide möglichen ANNA-Zahlen.
Subtrahiere die kleinere von der größeren Zahl.
Wähle andere Ziffern, gehe ebenso vor.
Schreibe jede Aufgabe auf einen eigenen Zettel.

4 2

```
  4224
- 2442
  1782
```

5 6

```
  6556
- 5665
```

c) Sammelt und ordnet alle Aufgaben in der Klasse nach den Ergebnissen.
Welche Ergebnisse kommen vor? Seht sie euch genau an.
Was fällt euch auf?

Ergebnis 891

```
  6556
- 5665
   891
```

Ergebnis 1782

```
  4224
- 2442
  1782
```

```
  6446
- 4664
  1782
```

Ergebnis ___

Ergebnis ___

Bei den kleinen Ergebnissen …

Das kleinste Ergebnis ist … Das größte …

Es gibt ein Ergebnis mit 1 T, ein Ergebnis mit 2 T, …

Tipp: Betrachtet die Ziffern, die in den Aufgaben verwendet wurden. Stellt ihr auch hier etwas fest?

Der Unterschied zwischen den Ergebnissen ist …

… zu einem Ergebnis.
… ter auf?
… ben zu diesem Ergebnis gefunden?

1. a) Wie viele Würfel siehst du?
   b) Drehe das Bild: Wie viele Würfel siehst du jetzt?

2. Baue selbst ein Würfelkunstwerk aus Einheitswürfeln.

Victor Vasarely: Collage Axo 1/4

* Victor Vasarely, frz. Maler und Grafiker, geb. 1906, wurde vor allem wegen seiner geometrischen Kunstwerke berühmt. Diese haben häufig verwirrende optische Wirkungen.

3. Erinnerst du dich? So zeichnet man Pläne zu Würfelgebäuden.

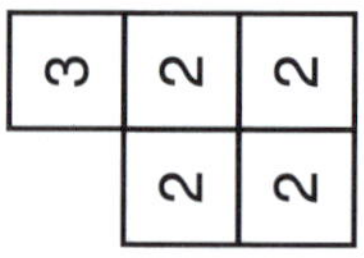

Und so zeichnet man Ansichten von Würfelgebäuden.

von vorne

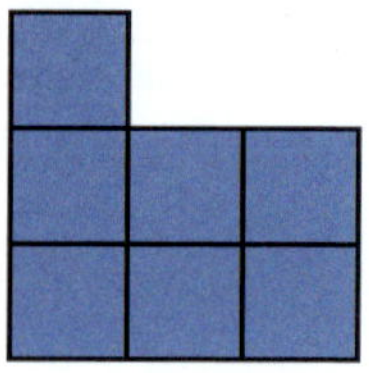

von rechts

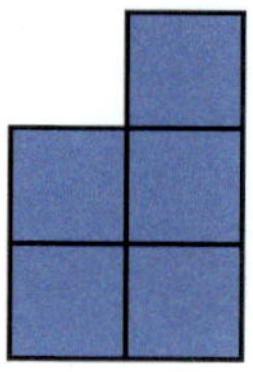

Baue nach. Zeichne dazu Pläne und die Ansichten von vorne und von rechts.

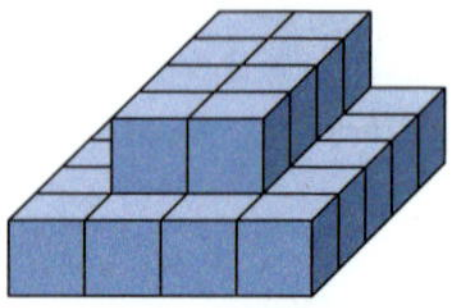

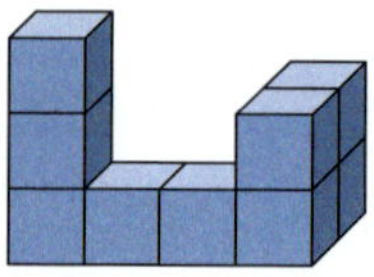

4. Aus wie vielen Einheitswürfeln besteht dieses Würfelgebäude? Überlegt.

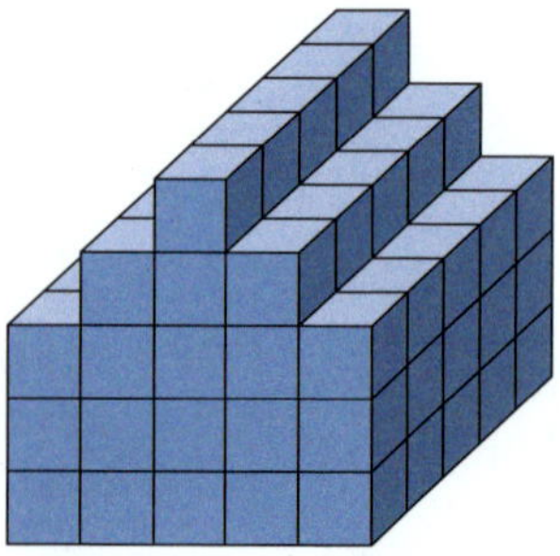

⑤ Wie viele Einheitswürfel passen in die Schachtel? Erkläre.

Mit den Einheitswürfeln messen wir den Rauminhalt eines Körpers.

⑥ Mit Würfeln vergleichen

a) Wie viele Würfel passen in jede Schachtel? Rechne geschickt.

A
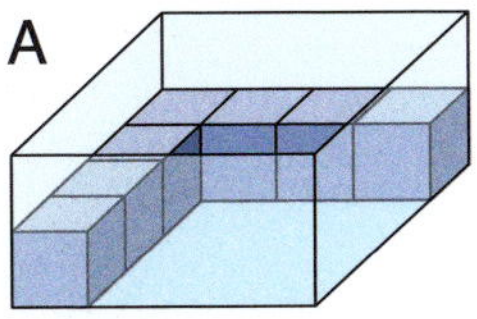

B
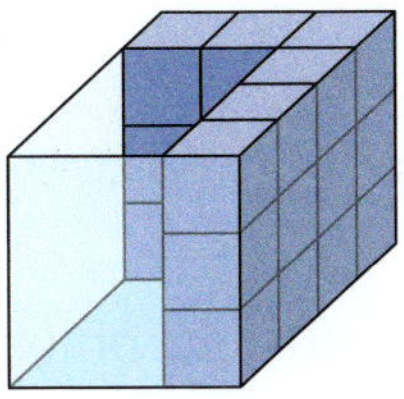

C
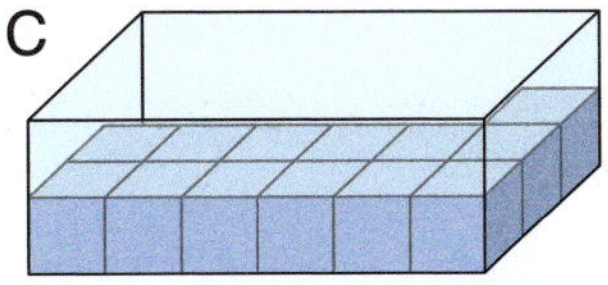

F
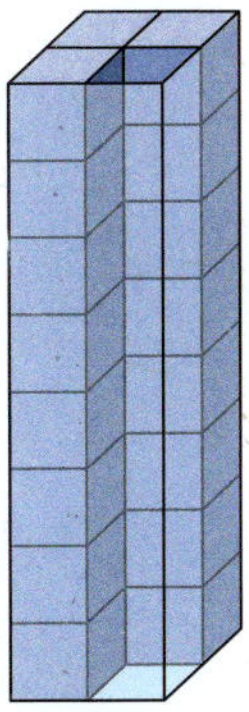

A: 4 · 4 =

D
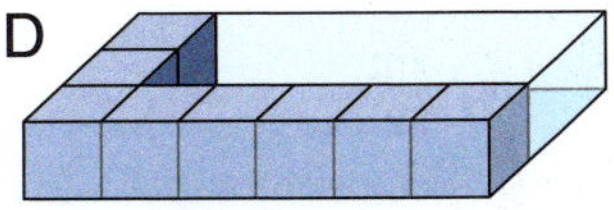

E
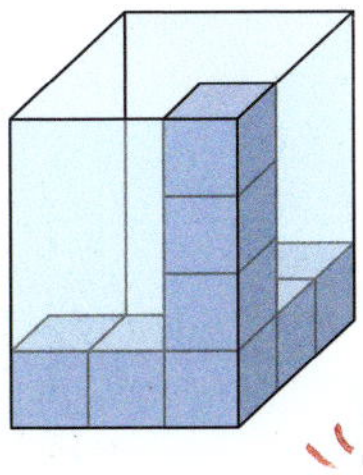

b) Welche Schachteln haben den größten Rauminhalt? Welche den kleinsten?

Ungefähr – aber so genau wie möglich

1 Finde durch eine Überschlagsrechnung die Aufgaben heraus, deren …

a) … Ergebnis unter 30 000 liegt.

b) … Ergebnis über 100 000 liegt.

503 · 62	503 · 36	503 · 205	503 · 81
503 · 47	503 · 122	503 · 396	503 · 68

2 a) Welcher Überschlag ist jeweils der genaueste? Vermute. Überprüfe durch Nachrechnen.

366 · 55

b) Wie ist es hier? Erkläre, wie du jeweils geschickt überschlägst.

169 · 84	784 · 48	212 · 31	771 · 35
200 · 90	800 · 50	300 · 40	800 · 40
100 · 80	700 · 40	200 · 30	700 · 30
200 · 80	700 · 50	200 · 40	800 · 30

3 Überschlage möglichst geschickt und überprüfe durch Nachrechnen.

64 · 51 = ▢

Ü: 60 · 50 = 3 000

a)	b)	c)	d)
64 · 51	281 · 39	414 · 22	916 · 75
37 · 95	456 · 34	592 · 19	217 · 32
44 · 55	312 · 28	145 · 56	521 · 59

4 Drei Fehler! Finde sie mithilfe des Überschlags.

537 · 9 = 4833	357 · 45 = 25615	578 · 38 = 2194
541 · 48 = 25968	395 · 31 = 1580	234 · 45 = 10530

5 Immer zwei Überschläge helfen weiter. Begründe.

783 : 9	3744 : 6	5224 : 8	2296 : 7
720 : 9	3600 : 6	5600 : 8	2100 : 7
810 : 9	4000 : 6	4800 : 8	2000 : 7
800 : 9	4200 : 6	5000 : 8	2800 : 7

6 Zweimal überschlagen

Finde für jede Aufgabe die zwei Überschläge.
Überprüfe durch Nachrechnen.

a)	b)	c)	d)
3056 : 4	3942 : 6	22850 : 5	22335 : 3
5236 : 7	4825 : 5	48860 : 7	69408 : 8
3752 : 7	3752 : 8	27360 : 6	29704 : 4
3060 : 5	5061 : 7	59130 : 9	53571 : 7

7 Überschlage geschickt.

a)	b)	c)	d)
3256 : 4	5397 : 7	19776 : 3	41796 : 6
6352 : 8	4445 : 5	28413 : 9	12640 : 5
6984 : 9	8307 : 9	76698 : 9	64127 : 7
5523 : 7	5382 : 6	63176 : 8	31852 : 4

8 Vier Fehler! Finde sie mithilfe des Überschlags.
Rechne alle Fehleraufgaben nach.

Plan und Wirklichkeit

Die Kinder der Klasse 4a fahren bald ins Schullandheim in den Bayerischen Wald. Sie haben einen Ausschnitt aus dem Plan des Schullandheims.

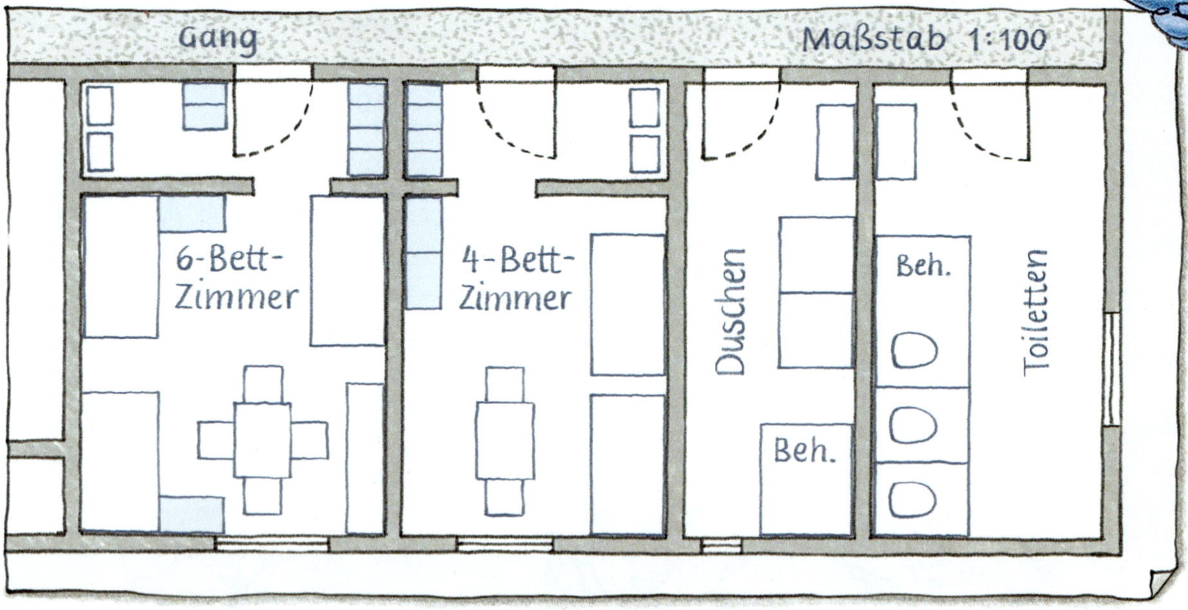

(1) Was kannst du auf dem Plan erkennen? Beschreibe.

(2) Der Maßstab

a) Was bedeutet „Maßstab 1 : 100“? Erkläre.

> **Maßstab (M) 1 : 100**
> **In Wirklichkeit ist alles 100-mal so groß.**
> 1 cm auf dem Plan → **100 cm** oder 1 m in Wirklichkeit
> 1 mm auf dem Plan → **100 mm** oder 10 cm in Wirklichkeit

b) Zeichne die Tabelle in dein Heft. Ergänze.

M 1 : 100

Plan	Wirklichkeit
1 cm	100 cm = 1 m
2 cm	
3 cm	
…	

M 1 : 100

Plan	Wirklichkeit
1 mm	100 mm = 10 cm
2 mm	
3 mm	
…	

M 1: 100

Plan	Wirklichkeit
3 cm 1 mm	
5 cm 4 mm	
2 cm 7 mm	
…	

(3) Wie lang und wie breit sind die Zimmer des Schullandheims?

M 1 : 100	Plan		Wirklichkeit
6-Bett-Zimmer	Länge	6 cm 1 mm	
	Breite	4 cm	
4-Bett-Zimmer			

④ Wie lang und wie breit sind diese Dinge im Schullandheim?

ein Bett | ein Tisch | eine Dusche | ?

Schreibe auf wie bei Aufgabe ③.

⑤ Messt euer Klassenzimmer und vergleicht mit den Zimmern im Schullandheim.

⑥ Erstellt einen Plan von eurem Klassenzimmer im Maßstab 1 : 100.

Wirklichkeit	Plan
1 m (100 cm)	1 cm
2 m (200 cm)	

Wirklichkeit	Plan
10 cm (100 mm)	1 mm
20 cm (200 mm)	

⑦ Erstelle einen Plan von deinem Kinderzimmer im Maßstab 1 : 100.
Schreibe die Maße zuerst in einer Tabelle auf.

M 1 : 100	Wirklichkeit		Plan
Zimmer	Länge		
	Breite		

⑧ Erkläre: Was bedeutet Maßstab 1 : 2 | Maßstab 1 : 10 | Maßstab 1 : 20 | ?

Wo findest du solche Angaben?

Orientierung auf dem Plan

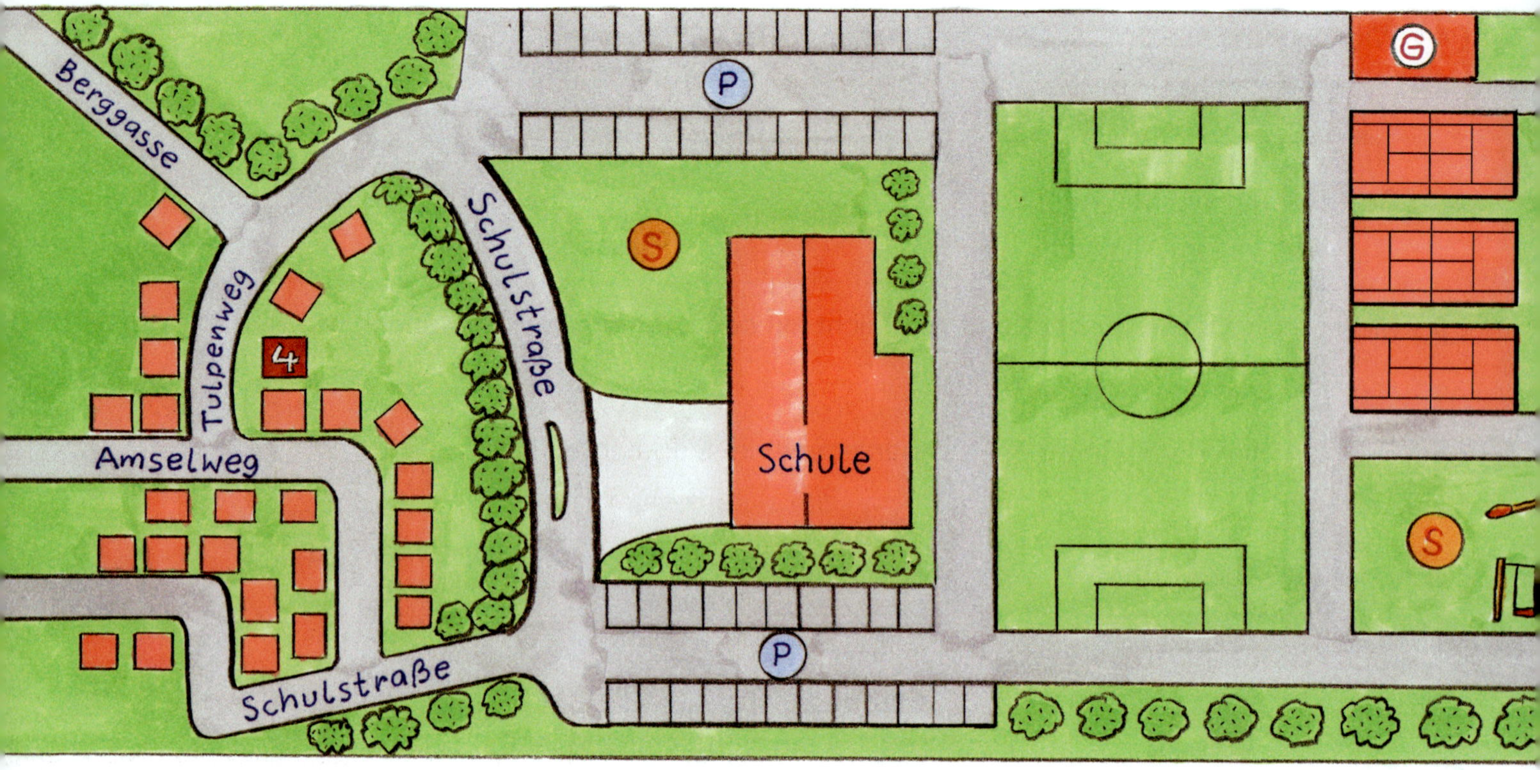

10 20 30 m

Gebäude · Felsen · Spielplatz

Gebüsch/Wald · Parkplatz · Gaststätte

(1) Was kannst du auf dem Plan alles erkennen? Beschreibe.

(2) Wie lang und wie breit sind diese Dinge ungefähr in Wirklichkeit? Schreibe auf.

die Schule · der Sportplatz · ein Tennisplatz · der See · ?

(3) Du stehst am Eingang der Schule.

a) Wie kommst du zum Gasthaus am See? Beschreibe mehrere Wege.

b) Wie lang ist der kürzeste Weg ungefähr in Wirklichkeit? Vergleiche mit Entfernungen in deiner Umgebung.

> Ich biege …
> … links ab.
> … rechts ab.

> Nach der Brücke …

> An der nächsten Kreuzung …

> Ich gehe … Meter geradeaus.

> Ich gehe nach Norden …

(4) Ben wohnt am Tulpenweg 4.

a) Wie könnte er zur Schule gehen? Beschreibe mehrere Wege.

b) Wie lang ist der kürzeste Weg ungefähr in Wirklichkeit? Vergleiche mit Entfernungen in deiner Umgebung.

c) Wie viel Zeit könnte er zu Fuß für diesen Weg brauchen?

(5) Findet eigene Aufgaben.

(6) Ben macht für seine Freunde eine Schatzsuche und hat kleine Überraschungen versteckt. Zeige auf dem Plan, wo die Überraschungen liegen.

Start: Tulpenweg 4

Gehe den Tulpenweg nach Süden bis zum Amselweg.

Biege links ab und gehe bis zur Schulstraße. An dieser Kreuzung gehst du links, dann weiter über den Parkplatz und am Fußballplatz vorbei.

Am Ende des Fußballplatzes biegst du links ab. Nimm den nächsten Weg rechts. Nach etwa 30 Metern findest du links im Gebüsch den Schatz.

Start: Tulpenweg 4

Biege rechts in den Tulpenweg ein und gehe an der Schulstraße vorbei bis zum Parkplatz.

Gehe über den ganzen Parkplatz, am Fußballplatz und am Gasthaus vorbei.

Überquere den Bach und gehe nach rechts weiter. Nimm den 2. Weg nach links.

Nach etwa 30 Metern findest du den Schatz links hinter einem Felsen.

Start: Tulpenweg 4

Gehe den Tulpenweg nach Norden und biege rechts in die Schulstraße ein. Folge ihr nach Süden und biege nach der Schule links ab.

Gehe am Fußballplatz hinter dem Tor vorbei und nimm den 2. Weg nach links. An der nächsten Kreuzung gehst du rechts. Folge dem Weg etwa 30 Meter und gehe dann nach links 10 Meter in den Wald hinein.
Hier liegt der Schatz.

(7) Erstelle selbst einen Plan von deiner Schulumgebung oder deinem Pausenhof.

Karten aus dem Internet können helfen.

Bandornamente

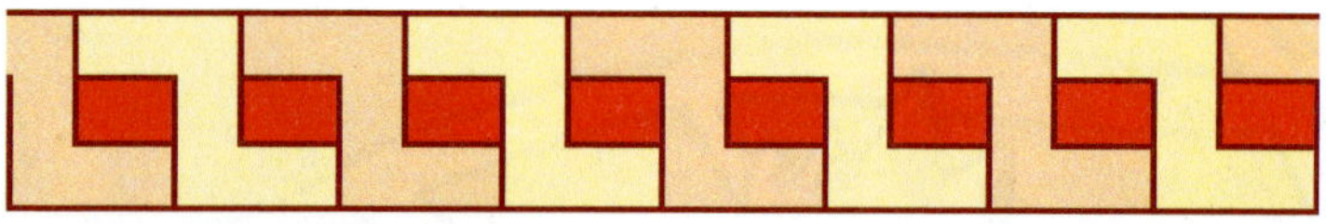

mexikanisches Ornament

maurisches Ornament

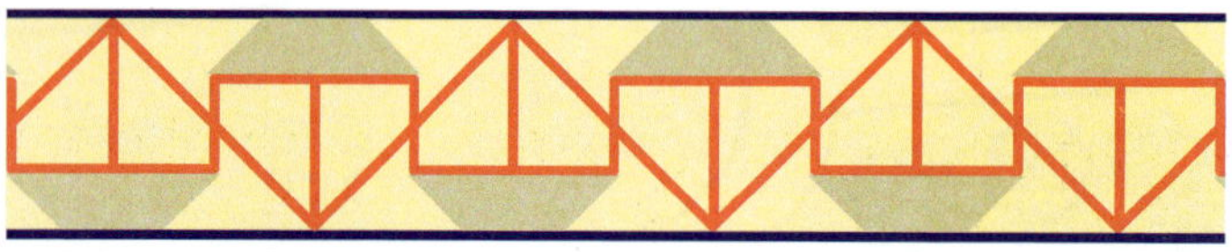

persisches Ornament

(1) Betrachte die Ornamente. Beschreibe sie.

… Vierecke …

… verschoben …

… auf den Kopf gestellt …

… achsensymmetrisch …

… immer wieder gleiche Teile …

… nach links und rechts fortgesetzt …

… Schachbrett …

?

(2) a) Zeichne selbst ein Ornament. Finde verschiedene Möglichkeiten.

Verwende: 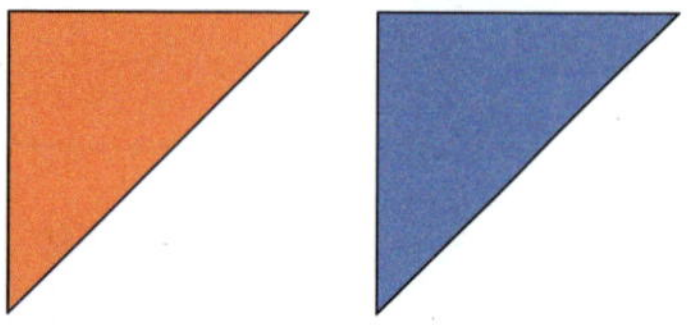

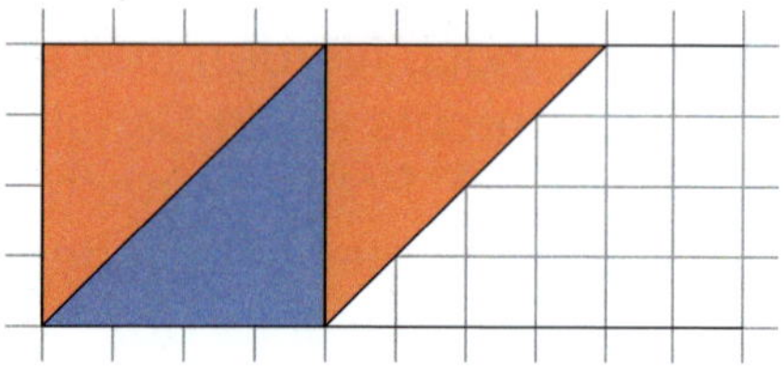

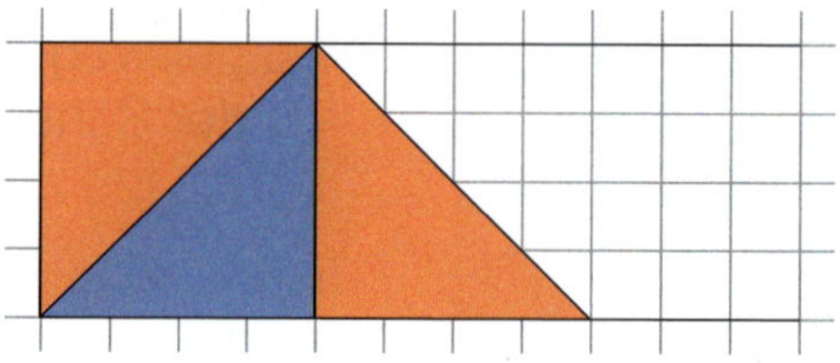

b) Vergleicht und beschreibt eure Ornamente.

(3) a) Betrachte dieses Ornament und beschreibe es.

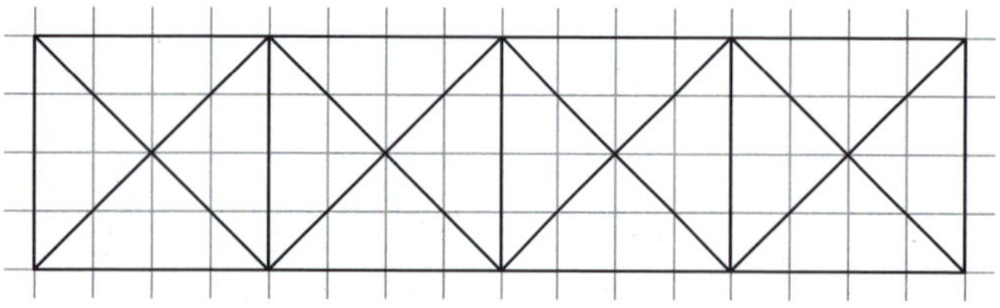

Das Wort „Ornament“ leitet sich vom lateinischen Wort „ornare“ ab. Das bedeutet schmücken.

b) Finde diese Figuren im Ornament. Erkläre.

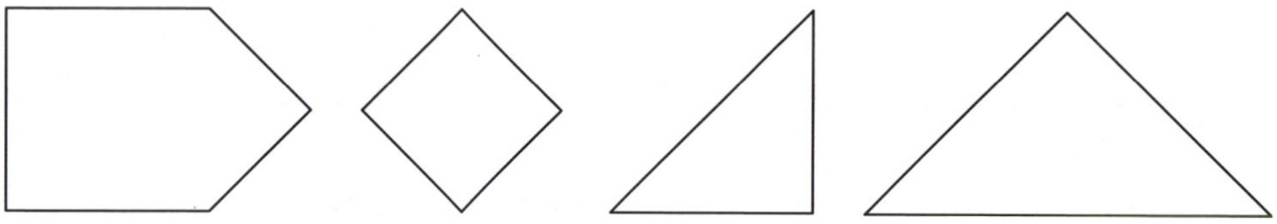

c) Zeichne das Ornament von a). Setze es fort. Verwende ein Lineal oder zeichne frei. Färbe mit 2 Farben.

Finde verschiedene Möglichkeiten.

griechisches Ornament

ägyptisches Ornament

römisches Ornament

(4) Bandornamente können achsensymmetrisch sein.

a) Untersuche die oben abgebildeten Bandornamente mit dem Spiegel:

- In welchen Ornamenten findest du Symmetrieachsen?
  Wo liegen sie? Beschreibe.
- Welche Ornamente sind nicht achsensymmetrisch?
  Begründe.

b) Suche in diesem Ornament die Symmetrieachsen.

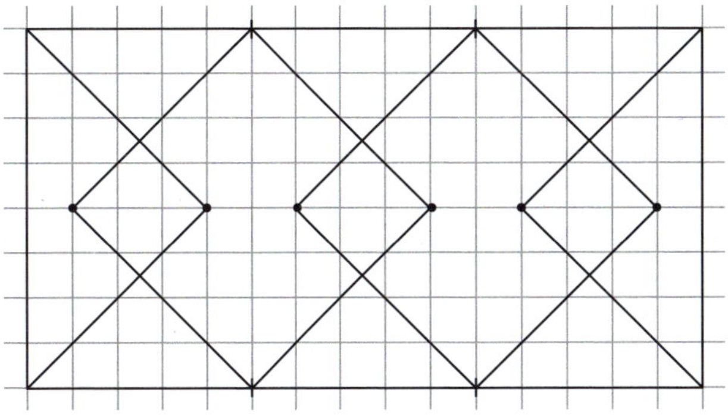

c) Zeichne das Ornament.
Färbe so, dass es achsensymmetrisch ist.

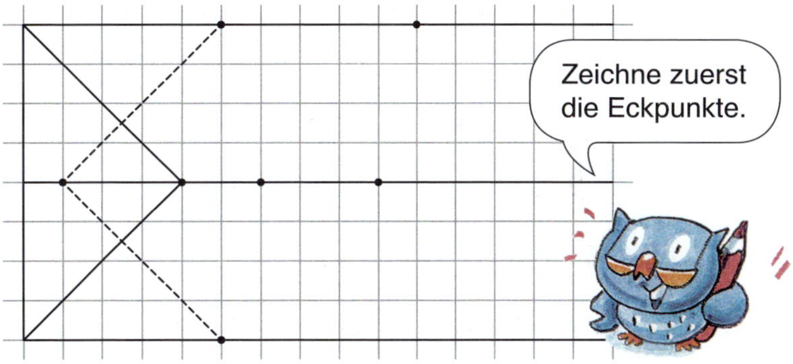

(5) Zeichne diese Ornamente. Beschreibe, wie du vorgehst.

a)

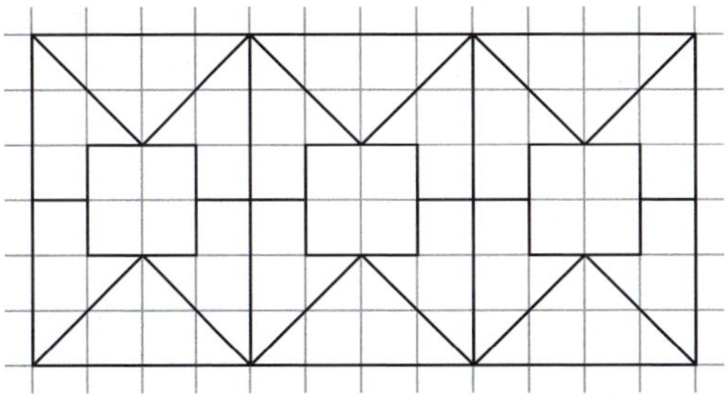

b)

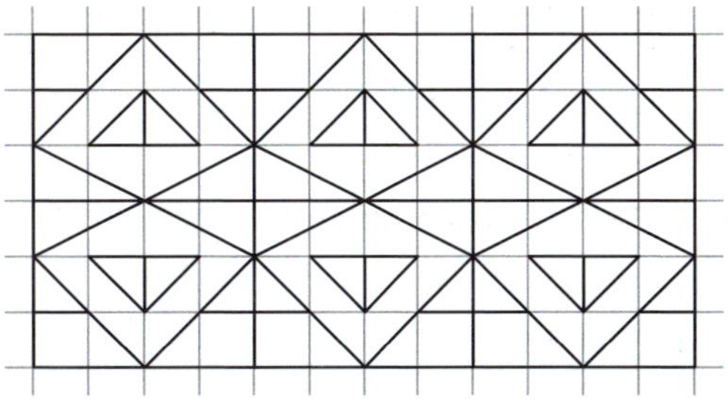

Färbe so, dass deine Ornamente 1 oder 2 Symmetrieachsen haben.

Von der Zeit in der Welt – Zeitzonen

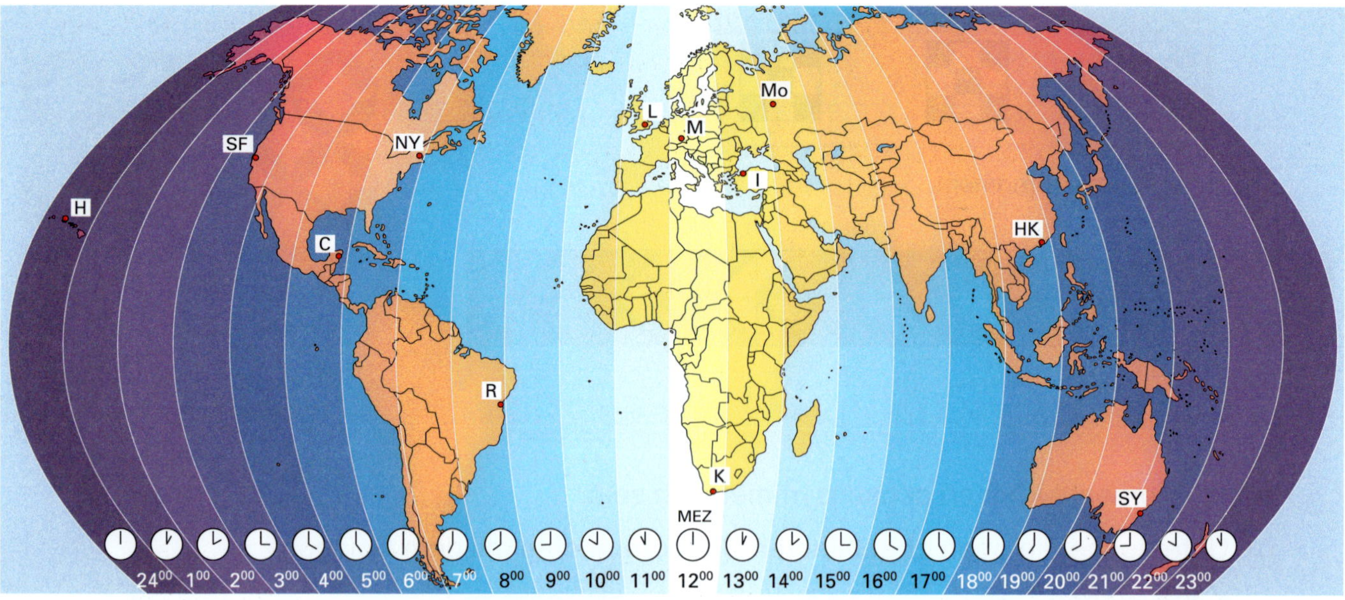

M	= München	K	= Kapstadt (Südafrika)	C	= Cancun (Mexiko)
L	= London (England)	NY	= New York (USA)	R	= Rio de Janeiro (Brasilien)
I	= Istanbul (Türkei)	SF	= San Francisco (USA, Kalifornien)	HK	= Hongkong (China)
Mo	= Moskau (Russland)	H	= Honolulu (USA, Hawaii)	SY	= Sydney (Australien)

Die Erde dreht sich an einem Tag einmal um sich selbst.
So ist im gleichen Moment an manchen Orten Nacht und an anderen Orten Morgen, Mittag, usw. Deshalb wurde die Erde in Zeitzonen eingeteilt.
Die Uhrzeit, die gerade an einem Ort herrscht, nennt man Ortszeit.
Deutschland liegt in der mitteleuropäischen Zeitzone (MEZ).

Wenn es in Deutschland Mittag ist, ist es auf Hawaii Mitternacht.

(1) Welche Ortszeit haben die verschiedenen Städte, wenn es bei uns 12 Uhr mittags ist?
Lies die Uhrzeiten aus der Karte ab und berechne den Zeitunterschied zu unserer Zeitzone, der MEZ.
Schreibe die Ergebnisse in einer Tabelle auf.

Stadt	Ortszeit	Zeitunterschied zur MEZ
M (München)	12 Uhr	0 h
L (London)	11 Uhr	– 1 h (1 Stunde zurück)

(2) Welche Ortszeit haben die verschiedenen Städte, wenn bei dir die Schule beginnt, wenn du zu Mittag isst, wenn du …?
Schreibe die Uhrzeiten in einer Tabelle auf.

Stadt	Zeitunterschied zur MEZ	Ortszeiten		
M (München)	– 0 h	8 Uhr	13.30 Uhr	
L (London)	– 1 h	7 Uhr		
I (Istanbul)	+ 1 h			

Welche Hauptstädte in Europa liegen in der MEZ?

(3) Paolo will seiner Tante in San Francisco zum Geburtstag gratulieren.
Überlege, wann er am besten anrufen sollte.

4 Beim Reisen mit Flugzeugen erreicht man auch andere Zeitzonen. Die Zeitverschiebung muss deshalb bei der Ankunft am Reiseziel berücksichtigt werden.

a) Ein Passagierflugzeug startet um 12.05 Uhr in München. Die Flugzeit nach London beträgt 2 Stunden. Wann kommt das Flugzeug in London (Ortszeit) an?
Die Skizze kann dir bei der Lösung helfen:

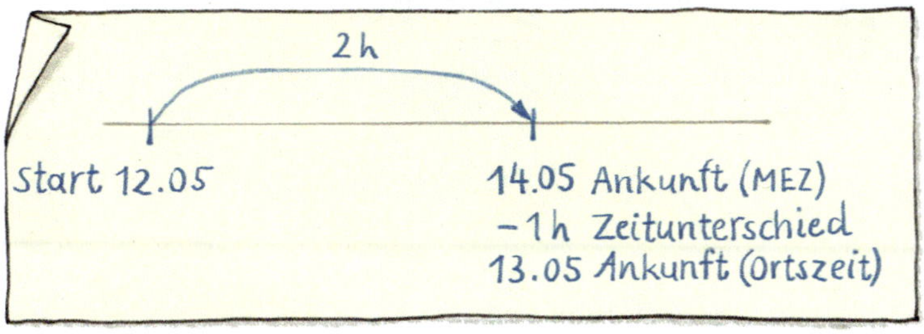

b) Ein Flugzeug startet um 16.10 Uhr in München. Die Flugzeit nach San Francisco beträgt etwa 12 Stunden. Wann kommt das Flugzeug in San Francisco (Ortszeit) an.

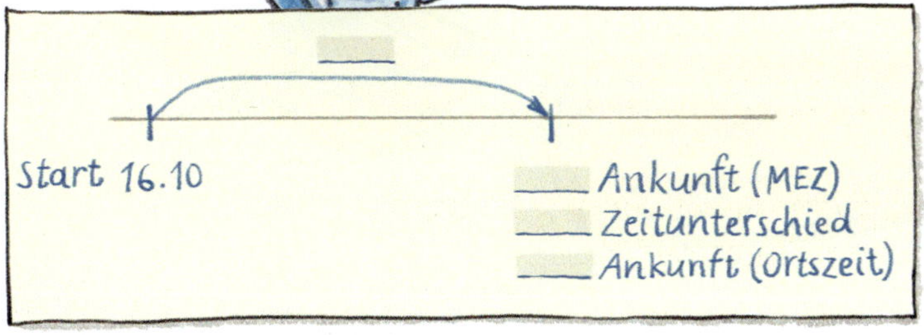

c) Wann kommen diese Flugzeuge an ihrem Reiseziel (Ortszeit) an?

Löse die Aufgaben wie oben mithilfe einer Skizze.

Reiseziel	Abflug München	Reisedauer
Istanbul	12.00 Uhr	2 h 45 min
New York	11.25 Uhr	9 h 30 min
Moskau	14.20 Uhr	3 h 30 min
Kapstadt	11.45 Uhr	11 h 40 min
★ Hongkong	20.40 Uhr	11 h 15 min

★ **5** a) Leas Vater befindet sich auf einer Dienstreise in Hongkong. In Deutschland ist es gerade 9.30 Uhr und Lea geht in die Pause. Sie überlegt, wie spät es jetzt wohl bei Papa ist.

b) Pauls Onkel und Tante machen Urlaub in Rio de Janeiro. Paul überlegt: Wie viel Uhr ist es bei uns in Deutschland, wenn die beiden um 9.00 Uhr zum Frühstück gehen?

c) Timos Freund Jerry ist mit seinen Eltern nach Australien ausgewandert. Sie wohnen nun in Sydney.

Sommerzeit – Ferienzeit

Felix und Mateja fahren im Sommer ins Ferienlager ins Altmühltal.
Deshalb brauchen sie ein Zelt, Schlafsäcke und Luftmatratzen.
Zusammen haben sie 320 € gespart.
In einem Katalog haben sie sich informiert.

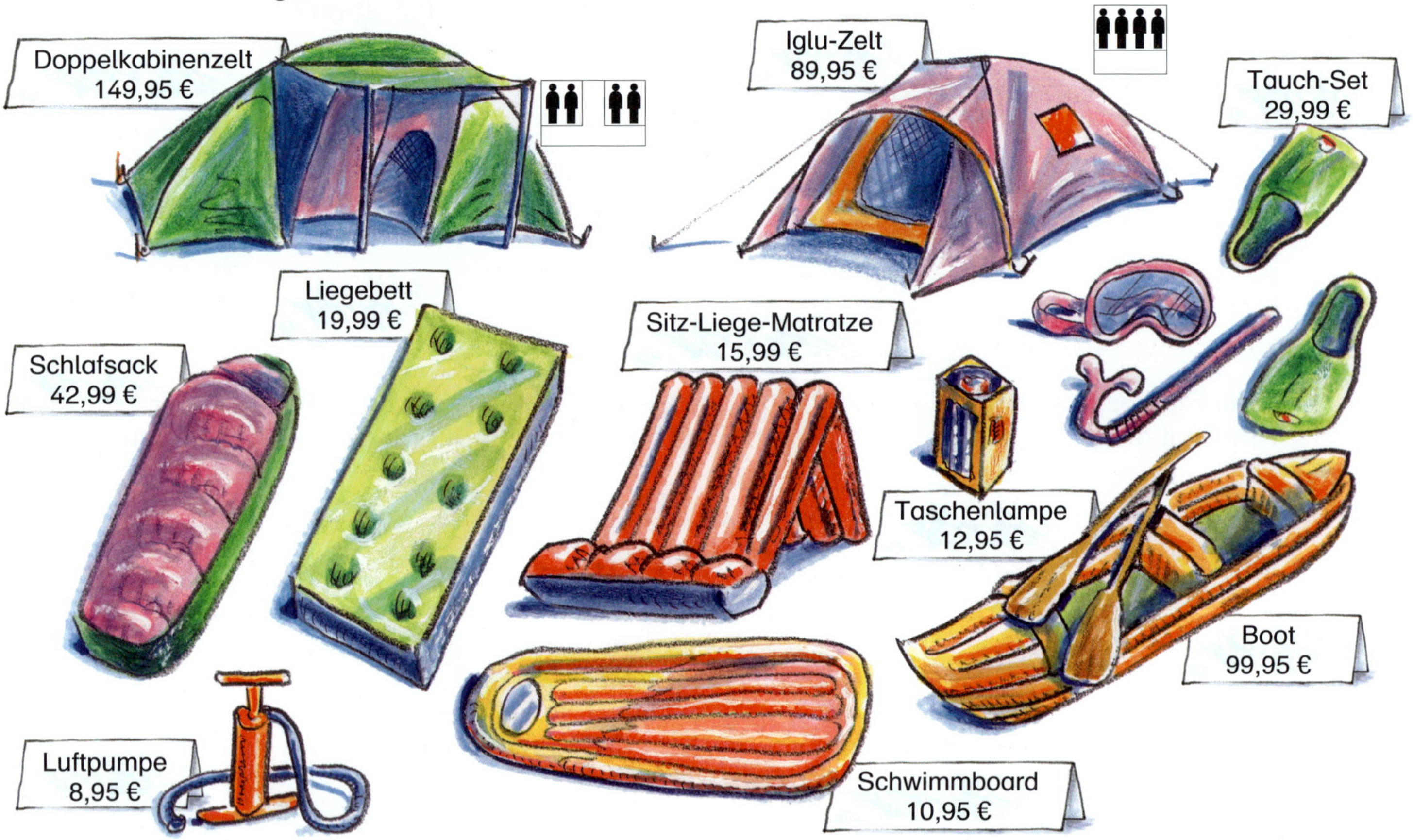

(1) Felix möchte das Doppelkabinenzelt, den Schlafsack und die Sitz-Liege-Matratze. Mateja möchte den gleichen Schlafsack, aber lieber das Liegebett für sich. Sie schlägt das kleinere Zelt vor. Für das Geld, das sie einsparen, würde sie gerne das Boot kaufen.

a) Wie viel kostet der Vorschlag von Felix, wie viel der Vorschlag von Mateja. Reicht das Geld für das Boot?

b) Wie würdest du dich entscheiden? Begründe.

(2) Eine Woche später ist Schlussverkauf. Die Kinder finden im Internet einige der für sie interessanten Campingartikel stark reduziert:

			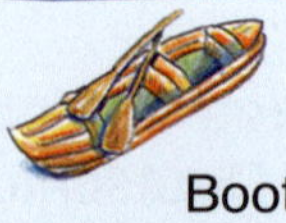
Doppelkabinenzelt	Schlafsack	Sitz-Liege-Matratze	Boot
~~149,95 €~~	~~42,99 €~~	~~15,99 €~~	~~99,95 €~~
jetzt 119,– €	jetzt 35,– €	jetzt 10,– €	jetzt 79,– €

a) Wie viel könnten die Kinder bei den Vorschlägen jeweils sparen?

b) Vergleicht eure Lösungswege. Wie passen die Begriffe zu der Aufgabe?

Einzelpreis | Gesamtpreis | Einsparung | Preisnachlass | reduzierter Preis

(3) Was würdest du kaufen? Wähle aus und berechne den Preis.

AH S. 70

4) Quirin und seine Freunde Maria und Nikolai machen zuhause Urlaub. Sie wollen an einem verregneten Nachmittag im Kickertreff Fußball spielen.
Die drei informieren sich über den Preis.

a) Erstelle eine Tabelle für die drei Freunde.
Überlege, wann wird es günstiger, wann teurer für jeden?

Anzahl Kinder	Gesamtpreis	Preis für jeden
3	60 €	20 €
4	60 €	15 €
5	60 €	
6	60 €	

b) Überlege auch, wie viel jeder bezahlen muss, wenn die Freunde am Samstag in den Kickertreff gehen.

5) Der Sportverein macht einen Tagesausflug ins Freizeitbad. Im Bus haben 50 Personen Platz. Er kostet für den ganzen Tag 240 €.

a) Wie viel muss eine Person für den Bus bezahlen, wenn 20, 30, 40, … Personen mitfahren?
Erstelle eine Tabelle für die Buskosten.

Anzahl Personen	Gesamtkosten	Fahrtkosten pro Person
20	240 €	12 €
30	240 €	
40	240 €	

b) Beim Eintritt kann auch eine Gruppen-Tageskarte gewählt werden.
Ab wie vielen Kindern ist die Gruppen-Tageskarte günstiger?

c) Berechne die Gesamtkosten für Bus und Eintritt für jedes Kind, wenn 20, 30, 40 oder 50 Kinder mitfahren.

d) Überlege auch, wie hoch die Kosten sind, wenn 70 Kinder mitfahren wollen.

4 Jahre in der Grundschule ...

Anzahl der Unterrichtsstunden in einer Schulwoche

Fach	**Jgst. 1**	**Jgst. 2**	**Jgst. 3**	**Jgst. 4**
Religionslehre/Ethik	2	2	3	3
Deutsch	6	6	6	6
Englisch	–	–	2	2
Mathematik	5	5	5	5
Heimat- und Sachunterricht	3	3	3	4
Musik	1	1	2	2
Kunst	1	1	1	1
Werken und Gestalten	1	2	2	2
Sport	2	3	3	3
Unterricht zur individuellen und gemeinsamen Förderung	2	1	1	1
Insgesamt	**23**	**24**	**28**	**29**

1 Schuljahr hat ...
- ... 190 Schultage,
- ... 38 Schulwochen.

1 Schulstunde hat 45 Minuten.

1 Jahr hat ...
- ... 365 Tage,
- ... 52 Wochen.

1 Stunde hat 60 Minuten.

(1) a) Wie viele Sportstunden hast du in 4 Grundschuljahren?

Sport in Klasse 1 in einer Woche: 2 Schulstunden

Sport in Klasse 1 in einem Jahr: $2 \cdot 38 = 76$ Schulstunden

Sport in Klasse 2 in einer Woche: ...

...

b) Wie viele Minuten sind das in 4 Schuljahren, wie viele Stunden?

Eine Schulstunde hat 45 min, also 45 mal ...

c) Wie viele Wochen und Tage wären das an einem Stück hintereinander?

24 Stunden Sport an einem Tag. 24 mal 7 = ... Stunden Sport in einer Woche ...

d) Bei jeder Sportstunde vergehen ungefähr 15 Minuten für das Umkleiden. Wie viel Zeit bleibt dann in 4 Schuljahren noch für den Sport übrig?

Dann sind das nur ... Stunden Sport statt ...

(2) Findet eigene Fragen und rechnet. Stellt eure Ergebnisse in der Klasse vor.

Wie viele Unterrichtsstunden sind es wohl in 4 Schuljahren insgesamt?

Wie viele Stunden Pause sind das in 4 Jahren?

Wie viele Schultage sind es in 4 Jahren?

?

… und wie ich diese Zeit verbracht habe

3 Überlege, wie viel Zeit man in 4 Jahren Grundschule mit Schlafen verbringt.

Alter	täglicher Schlafbedarf in Stunden
5 bis 9 Jahre (1. bis 3. Kl.)	11 h
10 bis 14 Jahre (4. Kl.)	9 h

a) Erik berechnet, dass ein Kind in 4 Jahren in der Grundschule 532 Stunden mit Schlafen verbringt.
Überschlage. Kann das stimmen?

b) Löse selbst.
So hat Erik gerechnet:

38 Schulwochen Klasse 1 – 3		38 Schulwochen Klasse 4	
1 Woche	77 h	1 W	63 h
10 Wochen	770 h	10 W	630 h
30 W	2310 h	30 W	1 890 h
8 W	616 h	8 W	504 h
38 W	2926 h	38 W	2394 h

2926 h + 2394 h = 5320 h

Vergleiche mit deiner Lösung. Was ist gleich, was ist anders? Entdeckst du Fehler?

4 Schulweg-Aufgaben: Kann das stimmen? Begründe.

a) Clara wohnt 1 km von der Schule entfernt.
Sie geht den Weg jeden Tag zu Fuß.
In den 4 Grundschuljahren ist sie 1520 km gegangen.

b) Vincent fährt jeden Tag mit dem Bus zur Schule.
Hinweg und Rückweg betragen insgesamt 14 km.
Er war in 4 Schuljahren 15 Tage krank.
In den 4 Schuljahren ist er 2450 km gefahren.

c) Amelie braucht für den Hinweg zur Schule 10 min

1

10 000	
3 000	
5 000	
8 500	
9 544	

2

100 000	
25 000	
60 000	
32 000	
77 400	
81 980	

3

1 000 000	
400 000	
280 000	
125 000	
900 001	
870 900	

4 Eine Zahl – drei Schreibweisen.

	M	HT	ZT	T	H	Z	E	
900 406		9	0	0	4	0	6	9 HT, 4 H, 6 E
		3	9	0	0	2	7	
								3 ZT, 3 T, 4 Z
★ 1 050 497								
								1 M, 2 Z

5 Zähle in Schritten.

a) 67 000, 68 000, ... 75 000

b) 999 100, 999 200, ... 1 000 000

6 Verdopple.

500 000 150 000
430 000 275 000

7 Halbiere.

500 000 401 000
250 000 380 500

8 a)
7 · 9
70 · 8
700 · 4
7 000 · 3

b)
4 · 6
8 · 600
20 · 600
300 · 600

c)
8 · 4
80 · 30
800 · 70
8 000 · 50

9 a)

32 : 4
320 : 4
3 200 : 40
320 000 : 4

b)

56 : 7
560 : 70
560 000 : 7
56 000 : 7 000

c)

63 : 9
630 : 9
6 300 : 900
6 300 : 90

10 Bilde Additions- und Subtraktionsaufgaben.

263 924 (+)
524 073 (−)

4 000
200
50 000
30
300 000
9

11 Rechne schriftlich.

462 319	207 594	446 244
+ 209 684	+ 608 728	+ 20 688
572 345	900 468	753 980
− 161 829	− 294 136	− 176 940

12 Multipliziere.

536 · 3
397 · 8
1 483 · 6
418 · 7
506 · 5
2 929 · 8

13 Dividiere.

25 632 : 4
76 440 : 3
52 479 : 9
16 356 : 6

Geometrie

Begriffe

parallele Linien

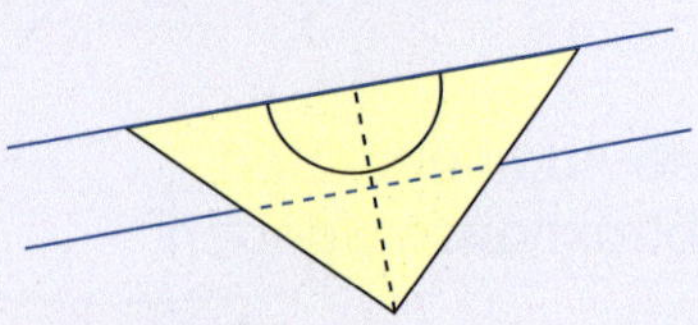

Linien, die senkrecht aufeinander stehen

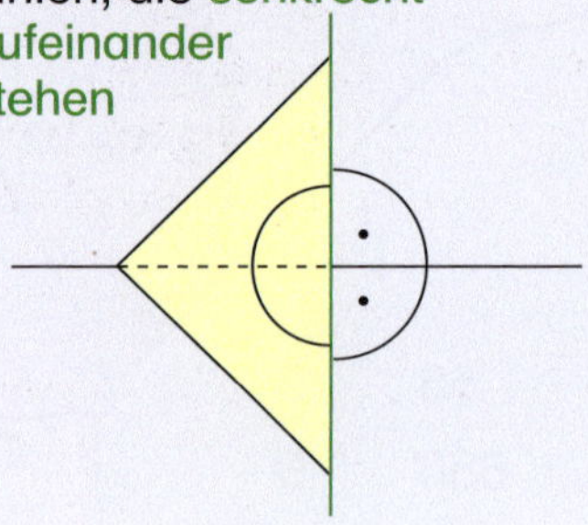

rechter Winkel

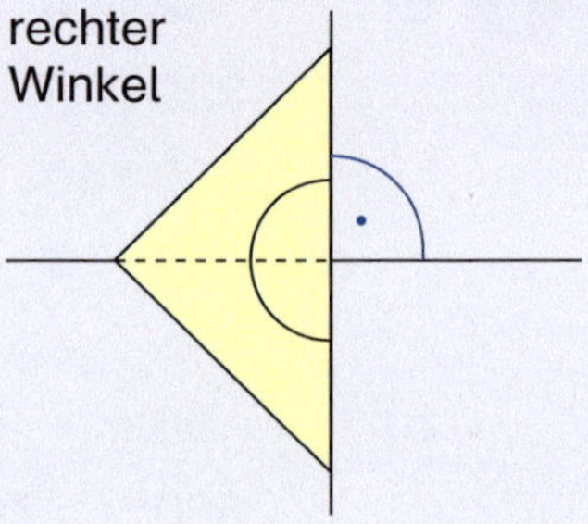

Symmetrie: Achsensymmetrische Figuren

Symmetrieachse

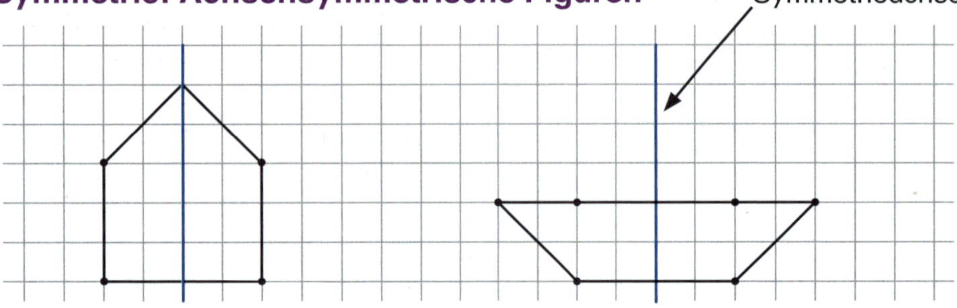

Achsensymmetrische Figuren haben eine Symmetrieachse und 2 Hälften. Diese sind deckungsgleich.

Flächen

Viereck

Rechteck

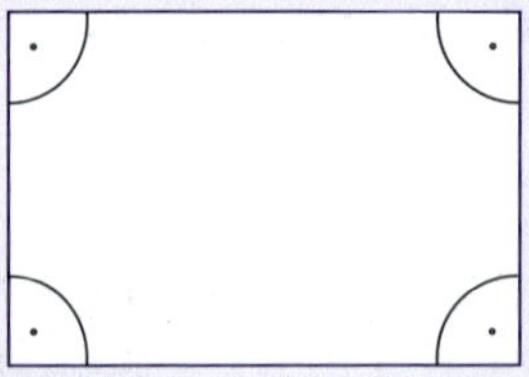

Quadrat

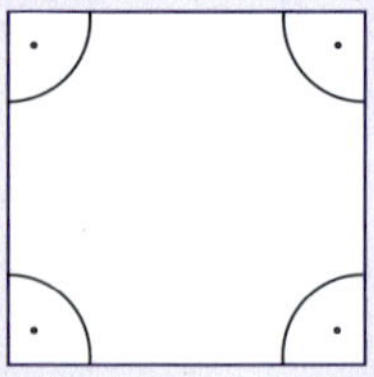

Dreieck

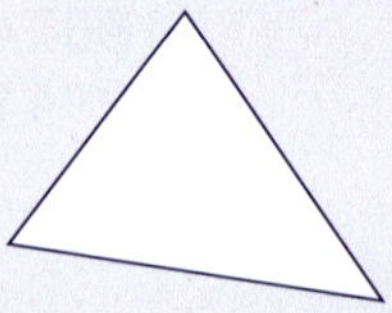

Kreis

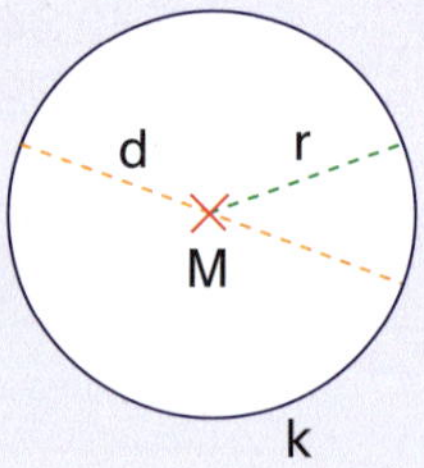

Beim Quadrat sind alle 4 Seiten, beim Rechteck je 2 Seiten gleich lang.

d: Durchmesser
r: Radius
M: Mittelpunkt
k: Kreislinie

Körper

Würfel

Ecken: 8
Kanten: 12
Flächen: 6
(6 Quadrate)

Quader

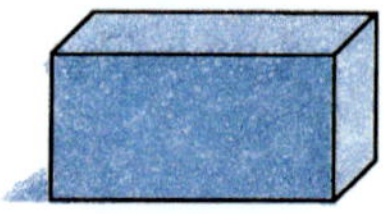

Ecken: 8
Kanten: 12
Flächen: 6
(6 Rechtecke, je 2 deckungsgleich)

Viereckspyramide

Ecken: 4
(+ 1 Spitze)
Kanten: 8
Flächen: 5
(1 Viereck, 4 Dreiecke)

Prisma

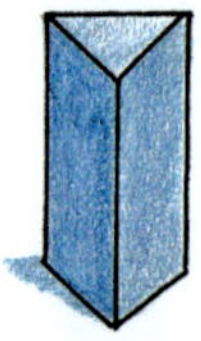

Ecken: 6
Kanten: 9
Flächen: 5
(2 Dreiecke, 3 Rechtecke)

Kugel

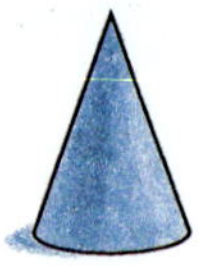

Kegel

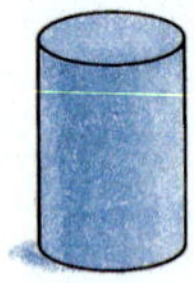

Zylinder

Schriftliches Rechnen

Addition

	3	2	7
+	4	2	8
		1	
	7	5	5

Sprechweise:
7 plus 8 gleich 15, 5 an, 1 gemerkt;
2 plus 3 gleich 5, 5 an;
3 plus 4 gleich 7, 7 an.

Vergiss die Probe nicht! Bei ⊕ in der anderen Richtung rechnen.

Subtraktion

	3	5	2
		ı	
−	1	1	8
	2	3	4

Sprechweise:
2 minus 8 geht nicht, eins entbündeln,
12 minus 8 gleich 4, 4 an;
5 minus 1 minus 1 gleich 3, 3 an;
3 minus 1 gleich 2, 2 an.

Bei ⊖ die Umkehraufgabe (die Plusaufgabe) rechnen!

Subtraktion bei Aufgaben mit 0

	5	0	7
	ı	ı	
−	2	1	8
	2	8	9

Sprechweise:
7 minus 8 geht nicht, eins entbündeln,
17 minus 8 gleich 9, 9 an;
0 minus 1 minus 1 geht nicht, eins entbündeln,
10 minus 1 minus 1 gleich 8, 8 an;
5 minus 1 minus 2 gleich 2, 2 an.

Zur Kontrolle: Bei ⊙ die Tauschaufgabe rechnen oder einen Überschlag machen.

Multiplikation

2	4	·	3	8	
			7	2	
			1	9	2
			9	1	2

Sprechweise:
3 mal 4 gleich 12, 2 an, 1 gemerkt,
3 mal 2 gleich 6, plus 1 gleich 7, 7 an;
8 mal 4 gleich 32, 2 an, 3 gemerkt,
8 mal 2 gleich 16, plus 3 gleich 19, 19 an.
(Ab hier wie bei der schriftlichen Addition)

Zur Kontrolle: Bei (:) entweder einen Überschlag machen oder die Tauschaufgabe rechnen!

Division

	3	7	5	4	:	8	=	4	6	9	R	2
−	3	2	↓									
		5	5									
	−	4	8	↓								
			7	4								
		−	7	2								
				2								

Sprechweise:
3 ist kleiner als 8,
ich mache bei den ersten 2 Stellen einen Bogen und setze Punkte,
37 durch 8 geht 4-mal, bleibt 5,
ich hole 5 herunter

Größen, Zeichen, Abkürzungen

Länge

1 km = 1000 m — 1500 m = 1 km 500 m

1 m = 100 cm — 280 cm = 2 m 80 cm

1 cm = 10 mm — 74 mm = 7 cm 4 mm

Messinstrumente

Damit misst man Längen:

Lineal

Meterstab (Zollstock)

Bandmaß

Kilometerzähler

Vergleichslängen

Diese Vergleichslängen solltest du dir merken:

1 mm

Höhe einer Münze

1 cm

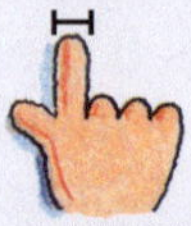

Fingerbreite

10 cm

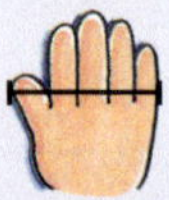

Handbreite

1 m

großer Schritt

10 m

Länge eines Klassenzimmers

100 m

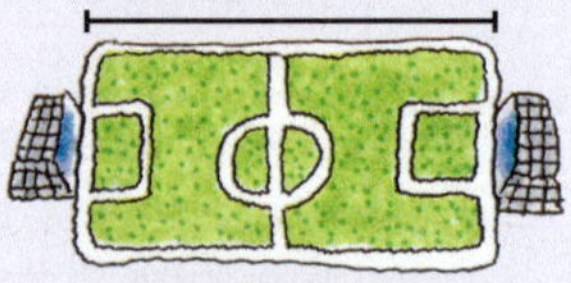

Länge eines Fußballfeldes

1 km

$2\frac{1}{2}$ Runden auf dem Sportplatz

Hohlmaße

1 l = 1000 ml

1 l 400 ml = 1400 ml

Vergleichsmengen

Diese Vergleichsmengen solltest du dir merken:

10 ml

Esslöffel

100 ml

kleine Tasse

250 ml

Glas

500 ml

Kakao

750 ml

Olivenöl

1 l

Milchtüte

10 l

Putzeimer

100 l

Badewanne

Geld

1 € = 100 ct

1,42 € = 1 € 42 ct = 142 ct

Vergleichspreise

Das kannst du dir für die angegebenen Beträge kaufen:

1 €

10 €

100 €

1000 €

10000 €

Größen, Zeichen, Abkürzungen

Gewichte

1 kg = 1 000 g
1 kg 500 g = 1 500 g

Vergleichsgewichte

Diese Vergleichsgewichte solltest du dir merken:

1 g	10 g	100 g	1 kg	10 kg	100 kg	1 000 kg = 1 t

Büroklammer	Schokoriegel	Tafel Schokolade	Tüte Mehl	Eimer Wasser	schwerer Mann	kleines Auto

Zeit

1 Jahr = 12 Monate = 365 Tage (366 Tage) **1 Monat** hat 31, 30, 28 Tage (29 Tage)

1 Tag = 24 h (Stunden) **1 h = 60 min (Minuten)** **1 min = 60 s (Sekunden)**

Uhrzeiten

7.15 Uhr (morgens)
19.15 Uhr (abends)
„Viertel nach sieben",
„viertel acht"

7.30 Uhr (morgens)
19.30 Uhr (abends)
„halb acht"

7.45 Uhr (morgens)
19.45 Uhr (abends)
„Viertel vor acht",
„dreiviertel acht"

Zeichen und Abkürzungen

Zeichen und Sprechweisen

<, >, =	kleiner als, größer als, gleich
+	plus (addieren)
–	minus (subtrahieren)
·	mal (multiplizieren)
:	geteilt durch (dividieren)
R	Rest

Alle Abkürzungen auf einen Blick

ct, €	Cent, Euro
m, km	Meter, Kilometer
mm, cm	Millimeter, Zentimeter
ml, l	Milliliter, Liter
g, kg	Gramm, Kilogramm
s, min, h	Sekunde, Minute, Stunde

Wahrscheinlichkeit

Begriffe zur Wahrscheinlichkeit

Du willst einen roten Würfel ziehen. Das ist …

Quellenverzeichnis:
S. 12, 13, 24, 27, 28, 88, 90: Holzmaterial: © Melanie Beutel, München
S. 18.1: Fotolia.com / © hidejaja; S. 18.2: Fotolia.com / © studiophotopro; S. 18.3: Okapia / Andreas Hartl
S. 18.4: Your photo today / A1 pix / superbild / H. Schmidbauer
S. 19.1: Imago / blickwinkel; S. 19.2: Okapia / Y. Tavernier; S. 19.3: picture-alliance / OKAPIA KG, Germany
S. 19.4: Imago / blickwinkel; S. 19.5: © Biosphoto / images. de / Yvette Tavernier
S. 19.6: mauritius images / Alamy; S. 19.7: Imago / blickwinkel
S. 82 oben Mitte: Kenneth Noland, Half / Bridgeman Art Library / © VG Bild-Kunst, Bonn 2021
S. 82 oben rechts: Endloser Rhythmus, 1984, Robert Delaunay (1885–1941), Foto: © Tate, London 2018
S. 83: Collection Gemeentemuseum Den Haag
S. 99 Wappen l.v.o.n.u.: Innenministerium Baden-Württemberg; Bayerisches Staatsministerium des Innern, für Bau und Verkehr; Senatsverwaltung für Inneres und Sport Berlin; Ministerium des Innern und für Kommunales des Landes Brandenburg; Freie Hansestadt Bremen – Senatskanzlei; Senat der Freien und Hansestadt Hamburg – Senatskanzlei; Hessisches Ministerium des Innern und für Sport; Ministerium für Inneres und Sport Mecklenburg-Vorpommern; r.v.o.n.u.: Niedersächsische Staatskanzlei; Staatskanzlei des Landes Nordrhein-Westfalen; Staatskanzlei Rheinland-Pfalz; Ministerium für Inneres und Sport Saarland; Sächsische Staatskanzlei; Ministerium für Inneres und Sport des Landes Sachsen-Anhalt; Ministerium für Inneres und Bundesangelegenheiten des Landes Schleswig-Holstein; Thüringer Ministerium für Bau, Landesentwicklung und Verkehr
S. 100: Shutterstock.com / © catwalker
S. 106: Victor Vasarely, Axo 1/4 / © VG Bild-Kunst, Bonn 2021
S. 122 / 123: Landschaft © Kristina Klotz, München

Zahlenzauber 4

Erarbeitet von:	Bettina Betz, Angela Bezold, Ruth Dolenc-Petz, Carina Flamm, Hedwig Gasteiger, Petra Ihn-Huber, Christine Kullen, Elisabeth Plankl, Beatrix Pütz, Carola Schraml, Karl-Wilhelm Schweden
Redaktion:	Anna Weininger, München; Christine Fischbacher
Illustration:	Mathias Hütter, Schwäbisch Gmünd; Renate Möller, Berlin
Grafik:	Detlef Seidensticker, München
Umschlagkonzept:	Mendell & Oberer, München
Umschlaggestaltung:	grundmanngestaltung, Karlsruhe; Jule Kienecker, Berlin; Corinna Babylon, Berlin
Umschlagillustration:	Mathias Hütter, Schwäbisch Gmünd
Layout:	artesmedia, Glonn
Technische Umsetzung:	Thomas Werner, Dachau

www.cornelsen.de

1. Auflage, 3. Druck 2021

Alle Drucke dieser Auflage sind inhaltlich unverändert
und können im Unterricht nebeneinander verwendet werden.

Druck: Firmengruppe APPL, aprinta Druck, Wemding

ISBN 978-3-637-01673-6 (Schülerbuch)
ISBN 978-3-637-01442-8 (E-Book)

PEFC
PEFC/04-32-0928

PEFC zertifiziert
Dieses Produkt stammt aus nachhaltig bewirtschafteten Wäldern und kontrollierten Quellen.
www.pefc.de